POCKET
NOTE

おいしく飲みたい
紅茶の本

SEIBIDO SHUPPAN

もっとおいしく
もっと優雅に
すばらしい紅茶の世界

おいしく飲みたい 紅茶の本

★紅茶の基本

★紅茶の淹れ方

★茶葉の研究

CONTENTS

★ティーバリエーション

★紅茶のブランド

ティーブレイク Tea Break

紅茶時間の楽しみ方

キレイな食器やアクセサリー
スコーンなどのお菓子に囲まれた華やかな午後は
ゆったりできる楽しいひととき。
カップの紅茶にレモンを入れて、ミルクを入れて……

ティーバリエーションの数だけ話も弾みます。
本場イギリスでは、朝のミルクティーに始まって
お菓子を添えたアフタヌーンティー
お休み前のナイトティーまで
いつだって紅茶と一緒。
いったいどんな話をしているのでしょう。
ティータイムはいつもおしゃべり。
紅茶があれば、いつでも楽しい時間が過ごせます。

午後のひととき
ティーブレイク

ティーブレイク❶ Tea Break

世界のティータイム

世界中に広まった紅茶ですが、その土地に合った飲み方を工夫しながら受け入れられました。

かつてロシアでは、サモワールという壺型をした金属製の湯沸かし器を使いました。内部に通したパイプ内で木炭を燃やしてお湯を沸かし、下についている蛇口からポットにお湯を注ぎます。そして、サモワールの上にポットを置いて茶葉を蒸らすのです。

このサモワールと似た器具で淹れるトルコのチャイは、牛乳を使わないため、角砂糖を口に含んで溶かしながら飲むこともあります。

同じチャイでも、インドでは茶葉と牛乳を鍋に入れて煮出します。それにスパイスを加えた「マサラティー」などがよく知られています。

また、スリランカのミルクティーはカップに入れた牛乳の上に紅茶を注ぎ、別のカップに数回注ぎ替えてから飲みます。これには紅茶を冷ますのと同時に、空気を含ませて味をまろやかにする役割があるそうです。

その他にも、香港では紅茶とコーヒーをミックスした「鴛鴦《いんやん》茶」、チベットやネパールではバターを入れた「ギイ茶」など、変わった紅茶がたくさんあるので、旅行先で楽しむのもおすすめです。

紅茶の基本

紅茶とはどんな飲み物なのか
どのように作られるのか
押さえておきたい紅茶のABCを教えます。

教えて！紅茶の作られ方

紅茶とは？

紅いお茶と書きますが、赤い葉から作られるわけではありません。緑茶もウーロン茶も同じお茶の木から生まれます。その作り方を少し覗いてみましょう。

紅茶は中国やチベットが原産地

紅茶は、成長したお茶の木から葉を摘み、揉み、発酵、乾燥させて作ります。その製造工程で茶葉が黒褐色になることから、厳密には英語で「ブラックティー」といいます。これに対して私たちが慣れ親しんでいる「紅茶」という名前は、熱湯を注いだ時の水色から名づけられた和名です。

また、紅茶＝イギリスとイメージする人も多いと思いますが、意外にも中国雲南省や四川省、チベットの高地などが原産地。19世紀に中国種とは違ったアッサム種が発見されたことから、各地で品種交配が行なわれるようになりました。そのなかで完全に発酵させる製法が確立し、紅茶の誕生となるわけです。

紅　茶　が　で　き　る　ま　で

❶ 摘採《てきさい》………茶摘みのこと。1本の茎に若葉2枚と新芽という、一芯二葉で行なわれる。
❷ 萎凋《いちょう》………摘んだ葉に温風をあてて水分を取り除く。
❸ 揉捻《じゅうねん》………揉捻機にかけて葉汁を出す。発酵が始まる。
❹ 玉解《たまど》き……揉捻で葉が塊になるので、それを解きほぐす。再び揉捻機にかけて発酵を促す。
❺ 発酵………発酵室で温度や湿度を保ちながら発酵させる。
❻ 乾燥………熱風をあてて乾燥させ、発酵を止める。
❼ 等級区分…葉の大小などを区分けする。
❽ 鑑定………でき上がったものの味や香りをチェックする。
❾ 配合………原料茶を数種類ブレンドして、品質を安定させる。

緑茶、ウーロン茶も同じ木から

紅茶や緑茶、ウーロン茶など、お茶の種類は多くありますが、実はこれらは同じ茶樹（学名：*Camellia Sinensis* (L) O.Kuntze）を原料に作られています。もちろん品種は違いますが、基となる茶葉は同じなのです。

緑茶は摘んだ葉を発酵させない「不発酵茶」で、水色は黄みがかった色合い。ウーロン茶などは発酵を途中で止めるため、「半発酵茶」と呼ばれます。これに対して、紅茶は完全「発酵茶」。紅茶独特の水色や香味は、発酵させることで生まれるものなのです。

個性あふれる世界の紅茶

紅茶の栽培には地理的気象条件が大きく関わってきますが、今ではインドやスリランカ、インドネシア、アフリカにまで紅茶の栽培範囲は広がっています。

各国で作られた茶葉は、その地理的気候や、収穫期、葉の大小などによって、それぞれ個性の違ったものになっていきます。これらを基にして、今では4000種以上もの商品が販売されています。

茶葉のグレードは10段階

グレードとは？

紅茶を買う時にOPとかBOPといった表示を見たことがありませんか。これは茶葉のグレードを表す記号で、使用している葉の部位と大きさに応じて分けられています。決して味の善し悪しを決めるものではありません。

グレード分けと葉の部位

グレードは、葉の大小と部位によって分けられています。これは、茶葉の大きさに合わせた蒸らし時間で、本来のおいしさを引き出すためです。

グレードは大別すると、葉をカットしていない「フルリーフ」、カットした「ブロークン」、細かい粉茶状の「ファニングス&ダスト」の三つのタイプに分けることができます。下のイラストは、フルリーフの名称を表したもので、それぞれの部位から紅茶が作られます。

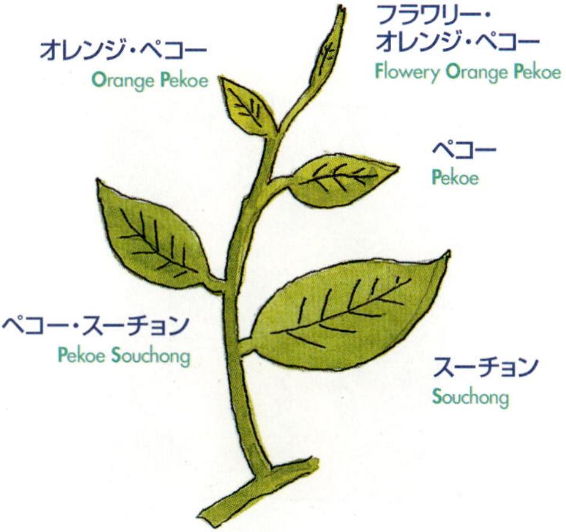

グレードとその特徴

		グレード	特徴
フルリーフ	蒸らし時間の目安：3～4分	FOP フラワリー・オレンジ・ペコー	葉の先端部の新芽「チップ」を指す。通常、チップを多く用いた茶葉をFOPと呼び、チップが多いほど上質とされる。チップの多さに応じてさらに細かく分類される。
		OP オレンジ・ペコー	チップの次に若い葉のこと。これを細長くねじった茶葉をOPと呼ぶ。FOPほどチップをたくさん含んでいない。
		P ペコー	OPの下にある葉を指す。これをねじったPタイプの茶葉はOPタイプほど長くなく太め。チップは含まれていない。
		PS ペコー・スーチョン	Pの下にある葉を指す。これをねじったPSタイプの茶葉は太く短め。
		S スーチョン	PSの下にある葉を指す。これをねじったSタイプの茶葉は太く丸められているのが特徴。中国茶などによく用いられる。
ブロークン	2～3分	BOP ブロークン・オレンジ・ペコー	細かくカットした茶葉を一般にブロークンといい、Bと表す。BOPはOPを細かくカットしたもの。OPよりも短時間で抽出することができる。
		BP ブロークン・ペコー	Pをカットしたもの。BOPに比べるとやや大きめだが、同様に抽出時間は早い。ブレンドティーに用いられることが多い。
		BPS ブロークン・ペコー・スーチョン	PSを細かくカットしたもの。BPよりもやや大きめの茶葉で、ブレンドティーに用いられることが多い。
ファニングス&ダスト	40秒～2分	BOPF ブロークン・オレンジ・ペコー・ファニングス	ブロークンよりも細かくカットされた茶葉を一般にファニングスといい、Fと表す。BOPFはBOPを粉砕したもので、水色が濃いのが特徴。
		D ダスト	Fよりもさらに細かい粉状のものをダストといい、Dと表す。茶葉のグレードとしては最小のもの。抽出時間が極めて早く、ティーバッグに多く用いられる。

グレードではない「CTC」とは?

CTCとは、Crush（つぶす）、Tear（引き裂く）、Curl（丸める）を略したもので、茶葉を1～2mmの粒状に丸める特殊な製法の呼び名です。この製法で作られた紅茶をCTC茶といい、葉を細かくすることで、短時間で抽出できるようになります。主にティーバッグの茶葉として使われています。

茶葉はとってもデリケート

保存方法

密閉容器に入れて保存する

左から、ティーキャディー・S、ティーキャディー・L（以上、ロウレイズティーショップ）

繊細な香りや味わいからも分かるように、紅茶はデリケートな飲み物。お気に入りのものでも、保存状態が悪ければ風味は失われてしまいます。

茶葉には周りの臭いを吸収してしまう特徴があり、一度臭いが移ってしまうと紅茶自体の香りが台なしです。これを避けるために、茶葉は密閉容器に入れて、空気と触れ合わないようにしましょう。木の箱に入ったものや、袋入りのものは、別の容器に移し替えるようにします。茶葉は日光によっても劣化するため、遮光タイプの容器が適しています。

また、保管場所は湿気が少なく、比較的温度が一定の場所が最適です。冷蔵庫は食品の臭いが移る可能性があるので、あまり向いていません。

賞味期限はあくまでも目安

紅茶にも賞味期限があります。だいたい製造年月日から、未開封で缶入りが3年、ティーバッグなら2年ぐらいが目安です。その期間内ならばおいしく飲めますが、いったん開けてしまったら、開閉を繰り返しているうちに風味は少しずつ失われていきます。やはり、開封したらできるだけ早めに飲み切ることが大切です。

賞味期限が過ぎてしまっても、フルーツなどを加えれば別の楽しみ方ができます。また、保存状態が悪く劣化した茶葉は、お茶パックなどに入れれば手軽な脱臭剤に変身です。

左から、カリグラフィ缶 紫、クーポール缶 黄（以上、マリアージュ フレール）

おいしい紅茶には水も大切

水の条件

無臭・空気を含む・軟水が条件

紅茶の持ち味を活かすには、クセのない水が適しています。

具体的には、まず、無臭であること。香り高い紅茶を淹れるためには、無臭の水が合うのは当然のことといえるでしょう。次に、空気(酸素)をたくさん含んでいること。紅茶の味わいを引き出すジャンピング（p22参照）にも効果的に作用します。そして三つめが軟水であることです。水は含まれる酸化カルシウムの量により軟水、硬水に分けられます。酸化カルシウムの量が多いと、紅茶のおいしさの基になるタンニンが溶け出すのを妨げてしまうので、含有量が少ない軟水を使うようにします。

水道水でOK

これらの条件を踏まえて考えると、意外にも水道からくんだばかりの水もあなどれません。くみたてを使えるので空気をたっぷり含んでいる上、日本の水は酸化カルシウムの含有量が少ない適度の軟水なのです。もし無臭という点で、カルキ臭が気になる場合は、やかんのフタをとって沸騰させてから使うようにしましょう。

また、ペットボトルに入ったミネラルウォーターは、硬度が高く、各種ミネラルを多く含んでいるので、茶葉の旨みを活かしきることができません。また、沸かし過ぎたお湯や、二度沸かしのお湯では、おいしい紅茶にならないので注意しましょう。

ティーブレイク❷ Tea Break

紅茶でヘルシーに

気軽に楽しめる紅茶ですが、歴史的には薬として広まりました。ここでは、隠れた効用を見直してみます。

紅茶の代表的な成分は、カフェインとタンニン。カフェインは眠気覚ましの効果で知られていますが、適量ならば疲れを癒す働きもあります。また、消化促進、利尿作用などの効果もありますが、注目したいのはダイエット。普通に脂肪を燃焼させるには、かなりの運動量が必要になります。それがカフェインを摂取してからだと、脂肪から先に燃焼されるため運動効果が倍増するのです。

タンニンは渋み成分のひとつで、いろいろな種類があります。なかでも紅茶に多く含まれているカテキンは、インフルエンザウイルスをコーティングするため、感染を防いでくれます。しかし、これはうがいによる効果なので、飲むだけでは得られません。

その他にも、インドやインドネシア産の紅茶には、フッ素が多く含まれているので、虫歯予防にも有効です。ただ飲むだけでも、アルカリ性の飲料なので、身体の酸性化を防いでくれます。

紅茶の淹れ方

「ベーシックルール」を覚えて
味・香り・水色の三拍子揃った
おいしい紅茶を淹れましょう。

紅茶
その味わいのコツ

紅茶をおいしく淹れるには
いくつかの基本ルールを
理解しておく必要があります。
使用する茶葉の量から
お湯のこと、それにジャンピング効果や
蒸らし時間など…。
別に難しいことは
なにもありません。
要は紅茶の持つ味わいを
存分に楽しむために
やさしく、真心を込めて
紅茶を淹れる心が
あればいいのです。
茶葉に親しみ、その香りに
心を澄ませれば
きっとなにかが見えるはず…。

知っておきたい紅茶の淹れ方、あれこれ

おいしく淹れる4つのポイント

ベーシックルール

紅茶の持ち味である「香り・味・色」を上手に引き出すには、基本ともいえる淹れ方があります。それがベーシックルール。流れで覚えてしまえば、おいしい紅茶が簡単に淹れられます。

rule 1 新鮮な熱湯を使う

紅茶をおいしく淹れるためには、適した水（p17参照）を使うことも重要ですが、その温度も大切。まず、くんだばかりの水道水を完全に沸騰させましょう。完全に沸騰した熱湯を素早く注ぐと、ポットの中で茶葉が舞い、味わいや香りを充分に抽出することができます。100℃に達していないお湯を注ぐと茶葉が浮き、逆に沸かし過ぎると、今度は茶葉が沈んでしまいます。これは二度沸かしのお湯でも同じことが起こります。いずれにしても紅茶自身の旨みを引き出すことはできません。くみたての水で、沸騰したての新鮮な熱湯を使うようにしましょう。

rule 2 ジャンピングさせる

完全に沸騰させた熱湯を注ぐと、ポットの中で茶葉が上下に動き回ります。まるでジャンプをしているように見えることから、ジャンピングと呼ばれています。茶葉が自由にジャンピングすることで本来の味と香りが充分に引き出され、おいしい紅茶になるのです。そのために欠かせないのが、空気をたっぷり含んだ新鮮な熱湯だというわけです。また、この時使うポットは丸型のものが適しています（p26参照）。

ポットにお湯を注ぐ時は、少し高い位置から勢い良く入れて、さらに空気を含ませるようにしましょう。

rule 3 茶葉を正確に量る

ポットに茶葉を入れる時、ちゃんとスプーンを使っていますか? 目分量で入れるのではなく、適量をしっかり量って紅茶を淹れましょう。

茶葉を量るのには、ティースプーン、またはキャディスプーンを使います。それぞれ山盛り1杯が約3g。カップ1杯に対して、スプーン1杯分の茶葉を入れるのが原則です。ただ、何杯淹れるのかによって多少の加減も大切です。例えば、5杯までなら、1杯分余計に茶葉を加えたほうがおいしくなります。つまり、紅茶を2杯淹れるのなら、スプーン3杯分の茶葉を入れるということです。この余分の1杯は、「tea for pot」、つまりポットのための1杯という意味です。特に大きい茶葉を使う時には、味と香りを増やすために欠かせない1杯になります。

6杯以上淹れる場合、余分の1杯は必要はありません。また、10杯以上の大量の紅茶を淹れる場合には、二度に分けるようにしましょう。

rule 4 蒸らし時間を適切に

ポットにお湯を注いだ後は、すぐにフタをして茶葉を蒸らします。この間にジャンピングが行なわれ、紅茶の成分がきちんと抽出されるのです。そのためには、適切な時間じっくり蒸らします。

蒸らし時間は茶葉の銘柄(産地)とグレード(p14参照)、また、ストレートティーやレモンティー、ミルクティーなどの飲み方によっても違ってきます。ストレートティー(BOP)ならだいたい3分前後ですが、レモンティーならば、レモンの風味が活きるように少し短くします。ミルクティーなら、時間を少し長くし、濃く抽出しましょう。

しかし、これはあくまでも目安でしかありません。砂時計などを使って時間を正確に計り、その茶葉に合ったベストな蒸らし時間を研究してみましょう。

茶葉量の目安にぴったり

スプーン

紅茶に使うスプーンには、キャディスプーン（またはメジャースプーン）とティースプーンがあります。

キャディスプーンは茶葉を量ってポットに入れる専用のもので、すくう部分が大きく、持ちやすいように柄が短くなっています。デザインの美しいものがたくさんあり、より楽しいティータイムが過ごせます。

● キャディスプーン

❶三角形カラバン（マリアージュ フレール）、❷ティーメジャーカップ（ロウレイズティーショップ）、❸長方形（マリアージュ フレール）、❹参考商品（英国伝統紅茶博物館）、❺貝型（マリアージュ フレール）、❻オリジナルティーキャディスプーン（T・イソブチカンパニー）、❼ホームブレンディングフラワー、❽ティーキャディースプーン スコップ（以上、ロウレイズティーショップ）、❾参考商品（英国伝統紅茶博物館）、❿どんぐりキャディースプーン（カレルチャペック紅茶店）

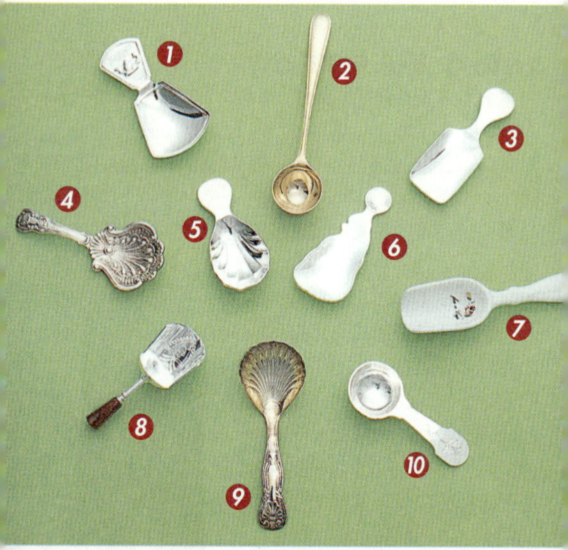

1杯3g

ティースプーンはコーヒースプーンよりもやや大きめ。主にカップに注いだ紅茶と、砂糖やミルクを混ぜるために使います。キャディスプーンがない場合は、ティースプーンでも充分代用できます。

ともにスプーン1杯で一人分の茶葉、約3gが量れます。5杯分まではポットの1杯も忘れずに。

● ティースプーン

❶参考商品（英国伝統紅茶博物館）、❷テディベアスプーン（ロウレイズティーショップ）、❸参考商品（英国伝統紅茶博物館）、❹ティースプーン ポット（ロウレイズティーショップ）、❺みつばちスプーン（カレルチャペック紅茶店）、❻ティースプーン カップ（ロウレイズティーショップ）

ポットが紅茶の持ち味を引き出す

ジャンピングしやすい

ポットは、茶葉が熱湯と出会い、紅茶になるところ。紅茶のおいしさを充分に引き出すベストなものを選びましょう。

まず形ですが、茶葉のジャンピング（p22参照）が起こりやすい丸型のものが適しています。ジャンピングによって茶葉が開き、おいしさが抽出されます。喫茶店などで出されるメリオール（円筒形でガラス製のポット）はコーヒー用として開発されたもので、ジャンピングを考えた構造にはなっていません。

丸型がベスト

素材は、鉄製のものを避けるようにしましょう。紅茶に含まれるタンニンが鉄と結びついて、水色が黒ずみ、また、香りも損なわれてしまいます。その他の金属製やガラス製も、熱伝導率が高く、熱しやすく冷めやすいので不向きといえるでしょう。適しているのは陶磁器製で、なかでも牛の骨を入れて焼かれたボーンチャイナは保温性に優れています。

これらを総合すると、紅茶には丸型で保温性の優れた陶磁器製のものが最適です。

❶セレブレイション・ティーポット ピンク（ロウレイズティーショップ）、❷ラベンダーティーポット　2人用（T・イソブチカンパニー）、❸フローラ・ティーポット レッド（ロウレイズティーショップ）、❹ティーポットシルクロードセラドン（マリアージュ フレール）、❺ティーポットミニネイビー、ハンターグリーン（キク・コーポレイション）、❻ヴィクトリアストロベリー（ミントン）、❼アールデコマリアージュフレール 青（マリアージュ フレール）

砂時計とタイマー

蒸らし時間が

紅茶のおいしさを引き出す重要ポイントのひとつが蒸らし時間です。紅茶の味は蒸らし時間によって決まるといっても過言ではありません。また、この待っている時間が紅茶ならではの優雅さを演出してくれます。

蒸らし時間は茶葉のグレード（p14参照）や飲み方、ブランドなどによって異なりますが、3分がおおよその基準。フルリーフの大きな葉であれば長く、ブロークンタイプの細かい茶葉であれば短くします。茶葉を購入する際に、お店の人に蒸らし時間を聞くのも良いでしょう。

❶参考商品、❷タイムフォーティー サンドグラス・1分計 ピンク、❸カップリーフティー サンドグラス・3分 ゴールド、❹カップリーフティー サンドグラス・5分 ブルー、❺タイマーティーポット（以上、ロウレイズティーショップ）、❻ティータイマー（カレルチャペック紅茶店）、❼参考商品

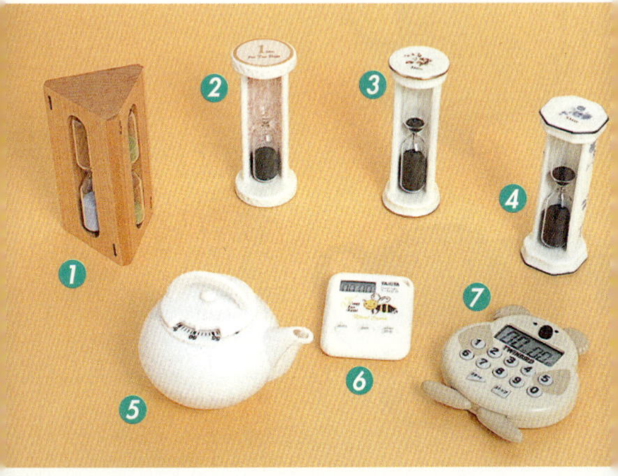

生活スタイルで使い分け！

紅茶を決める

また、茶葉のジャンピングを蒸らし時間の目安にするという手もあります。茶葉がポットの底に沈んだ時がジャンピング終了、蒸らし時間終わりの合図。

とはいえ、蒸らしている時にポットのフタを取るのも…と気にする人もいるでしょう。やはり正確に計るためには、砂時計やタイマーを使うのが一番です。3分経過したら少量をカップに注いで味見してみましょう。濃い場合はカップに注ぎ分けた後に熱湯を足します。薄いようであれば30秒単位で時間を延ばしていくと良いでしょう。

砂が全て落ちるのを待ちながらティータイムを楽しむなら砂時計、忙しい朝のモーニングティーなどには音で飲み頃を知らせてくれるタイマータイプがぴったりです。

蒸らし時間の目安

茶葉	ストレートティー	ミルクティー	レモンティー
ダージリンOP	3〜4分	1分30秒〜2分30秒	3分30秒〜5分
アッサムOP	3〜4分	1分30秒〜2分30秒	3分30秒〜5分
キーマンOP	3〜4分	1分30秒〜2分30秒	3分30秒〜5分
アッサムBOP	2〜3分	1分30秒〜2分30秒	3〜4分
ニルギリBOP	2〜3分	1分30秒〜2分	2分30秒〜3分
セイロンBOP	2〜3分	1分30秒〜2分	2分30秒〜3分
ブレンドBOP	2〜3分	1分30秒〜2分	2分30秒〜3分

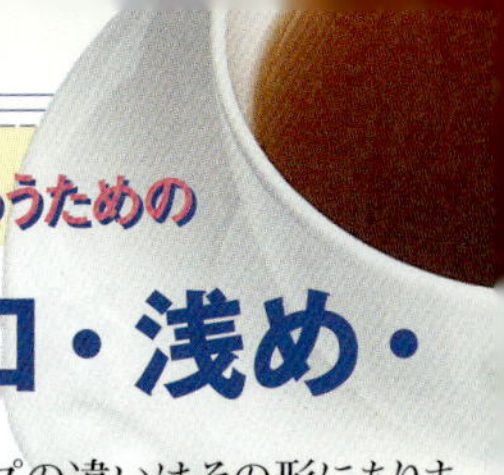

おいしさ全部を味わうための

広口・浅め・

ティーカップとコーヒーカップの違いはその形にあります。コーヒーカップは保温性を重視しているため、口が比較的狭く、厚地になっています。これに対して紅茶は香り・水色・味を楽しむもの。そのため、ティーカップは香りが広がるよう広口、水色が映えるよう浅く、内側は白いものが多くなっています。味わう時の妨げにならないよう、口にあたる部分は薄く外にカーブしていて、ポット同様に紅茶の冷めにくい陶磁器製が理想的です。

把手に関しては下から支えるように持つタイプ、上から握るように持つタイプなどがありますが、自分の飲むスタ

カップ&ソーサー

白が基本

イルや好みに合わせると良いでしょう。把手やソーサー(受け皿)のないお茶碗型のものもありますが、これは中国から陶磁器がヨーロッパに運ばれた当時のスタイルを再現したもの。のちに、沸騰したお湯で淹れ、熱いうちにいただくようになる紅茶は、お茶碗型では熱くて持てないという理由から、ヨーロッパにおいて把手がつけられたといわれています。

ここで紹介した基本をふまえて、ティータイムが楽しくなるような、お気に入りのカップ&ソーサーを探してみて下さい。

❶レディーカーライル(ロイヤルアルバート)、❷ラベンダーティーカップソーサー(T・イソブチカンパニー)、❸ハドンホール(ミントン)、❹ブランブリーヘッジ ウィンターコレクション(ロイヤルドルトン)、❺ルマレ、カレドラク(マリアージュ フレール)、❻カップ&ソーサー うさぎレッド(カレルチャペック紅茶店)

個性いろいろストレーナー

茶葉を漉す

　リーフで紅茶を淹れる場合に、ティーバッグと確実に違うのがストレーナーを使うという点です。ストレーナーは、紅茶をポットからカップに注ぐ時に、茶葉が入らないようにする、茶漉しのことです。アイスティーを淹れる時のように、ポットから別のポットに移し替える時に使う場合もあります。

　ティーカップのふちにかけて使うのが一般的ですが、受け皿と一体化しているものや別々になっているものなど、その種類はさまざまです。なかでも、茶葉を直接入れて抽出させるポットいらずのストレーナーには、デザインが凝っているものが多く、選ぶのが楽しくなります。

❶ネオストレーナー（T・イソブチカンパニー）、❷ターンティーストレーナー ゴールド（ロウレイズティーショップ）、❸ティーストレーナー（カレルチャペック紅茶店）、❹ダブルハンドルティーストレーナー ゴールド（ロウレイズティーショップ）、❺回転茶こし（T・イソブチカンパニー）、❻カップリーフティー ティーストレーナー ピンク（ロウレイズティーショップ）、❼ポット型ストレーナー、❽注ぎ口にさし込むタイプ、❾ハウス型ストレーナー（以上、参考商品）

❶

2杯めも熱い紅茶を飲みたい!

ポットを保温する

紅茶が冷めないようにポットにかぶせるカバーのことを、ティーコゼといいます。「ティーコジー」「茶帽子」とも呼ばれるこのカバーは、保温するためのものなので、熱を逃がしにくい厚手のものが適しています。ポットの下に敷くティーマットも、ティーコゼ同様に保温の役目を果たしますが、ポットの液だれがテーブルを汚すのも防いでくれます。

絵柄などの種類はたくさんありますが、ポットの大きさに合わせたものを選びましょう。キルティングなどの厚手の布を用意すれば、簡単に作ることもできます。

❶ティーポットコゼー＆ポットマット（カレルチャペック紅茶店）、❷ティーコゼ 全26色（ティーズリンアン）、❸オリジナルティーコジ・M 白、茶、緑（T・イソブチカンパニー）、❹ティーハット クローデア ブルー、❺ティーハット キャロル クリーム、❻ティーハット メアリー クリーム（以上、ロウレイズティーショップ）

淹れ方のキホン

ストレートティー

リーフで淹れるストレートティーは紅茶の基本です。これさえ覚えてしまえば、ミルクティーやバリエーションティーなどの応用も気軽に楽しめます。ポイントをしっかり押さえて、紅茶の色と味、香りを引き出したおいしい紅茶を淹れましょう。

1 ポットとカップを温める

紅茶を冷ましにくくするために、ティーポットとティーカップにはお湯を注ぎ、温めておきます。

2 茶葉を量ってポットに入れる

ポットが温まったらお湯を捨て、茶葉を入れます。茶葉の量はきちんと量ること。1杯分は3gですが、5杯分まではさらに1杯分を加えます。FOPやOPなど、大きな茶葉を使う時には、この追加の1杯でおいしさが増すのです。

3 ポットに熱湯を注ぐ

くみたての水道水を完全に沸騰させ、高めの位置から勢い良くポットに注ぎます。

4 フタをして蒸らす

ポットにフタをして蒸らします。蒸らし時間は茶葉の大きさなどによって変わりますが、BOPなら3分前後、FOPやOPなら3〜4分が目安です。

5 カップに注ぐ

カップのお湯を捨て、濃さを均一にするためにポットを軽く揺らしてから、ストレーナーを通してカップに注ぎます。

紅茶が先？ ミルクが先？

ミルクティー

ミルクティーは、簡単にいってしまえばストレートティーに牛乳を加えたものです。おいしく淹れるポイントは、冷たい牛乳でなく常温に戻したものを使うこと。カップに紅茶を先に入れるか牛乳が先かはお好みでどうぞ。

1 牛乳を常温に戻す

ミルクティーには常温に戻した牛乳を使います。冷蔵庫から出したばかりの牛乳を使う時は、お湯で温めておいたクリーマーに入れるとちょうど良い温度になります。

2 ポットとカップを温める

ストレートティーと同様、ティーポットとティーカップにお湯を注ぎ、温めておきます。

3 茶葉を入れ、熱湯を注いで蒸らす

ポットが温まったらお湯を捨て、茶葉を量って入れます。熱湯を注ぎ、フタをして蒸らします。

4a 紅茶を先に注ぐ「ミルク・イン・アフター」

カップのお湯を捨て、ストレーナーを通して紅茶を注ぎます。その後、好みの量の牛乳を注ぎます。これで牛乳の香りが活かされた「ミルク・イン・アフター」のでき上がり。

4b 牛乳を先に注ぐ「ミルク・イン・ビフォー」

カップのお湯を捨て、牛乳を好みの量だけカップに注ぎます。その後、ストレーナーを通して紅茶を注ぎます。これで紅茶と牛乳がよく混ざり合った「ミルク・イン・ビフォー」のでき上がり。

煮出すタイプのミルクティー

ロイヤルミルクティー

ロイヤルミルクティーは熱湯と牛乳が入った鍋で直接茶葉を煮出すミルクティーです。インドのチャイもこのタイプ。鍋にかけた牛乳は吹きこぼれやすいので注意しましょう。茶葉は抽出しやすいアッサムやセイロンが向いています。

1 ポットとカップを温める

ストレートティーと同様、ティーポット（使用する場合）とティーカップにお湯を注ぎ、温めておきます。

2 鍋で半量の湯をわかす

くみたての水を鍋に入れて火にかけます。水は作る量の半分が基準です。

3 茶葉を入れる

少し温まってきたら、茶葉をきちんと量って鍋に入れます。

4 牛乳を加える

茶葉が浮き上がってきたら牛乳を加えます。牛乳は水と同量、つまり作る量の半分です。鍋のふちに細かい泡が出始めたら火を止めます。

5 カップに注ぐ

ポットとカップのお湯を捨てます。ストレーナーを通して鍋からカップに注ぎます。ポットを使用する場合は、ストレーナーを通してポットに入れ、ポットからカップに移します。

一気に冷やすのがポイント

アイスティー

アイスティーをおいしく淹れる最大のポイントは、紅茶をいかに急速に冷やすかということ。ゆっくり冷やすと紅茶の香りが失われ、さらに、水色が濁るクリームダウン現象が起こってしまうのです。これを避けるために、濁りにくい茶葉を選ぶことも大切です。

1 温めたポットに茶葉を入れる

温めておいたティーポット（A）に茶葉を入れます。

2 半量の熱湯を注ぐ

淹れる杯数の半分の量の熱湯をポットに注ぎます。つまり、2倍の濃さの紅茶を淹れるのです。蒸らし時間は変わりません。

3 別のポットにグラニュー糖を入れる

別のポット（B）を用意します。このポットにグラニュー糖を入れておきます。

4 Bのポットに移す

ストレーナーを通して、Aのポットから Bのポットへ紅茶を移し替えます。

5 氷を入れたグラスに一気に注ぐ

氷をいっぱい入れたグラスに、紅茶を一気に注ぎます。ゆっくり注いだり、注ぎ足したりするとクリームダウンの原因になります。万一濁ってしまった時には、熱湯を少し足すと応急処置になります。

いつでも手軽に ティーバッグ

ティーバッグでは味が劣ると思っている人も多いかも知れませんが、淹れ方次第でおいしい紅茶になります。リーフティーと決定的に違う点は蒸らし時間。細かい茶葉を使っているので短時間で抽出できるのです。ここではポットを使う場合とカップで淹れる場合を紹介します。

1 ポットとカップを温める

リーフで淹れる場合と同様、ティーポットとティーカップにお湯を入れて温めます。

2 ティーバッグは杯数分

ポットのお湯を捨て、ティーバッグを入れたら沸かしたての熱湯を注ぎます。ティーバッグは一袋が1杯分になっています。カップで淹れる場合も同様にします。

3 フタをして蒸らす

ポットはフタをし、カップで淹れる場合はソーサーを裏返してカップにかぶせて蒸らします。蒸らす時間は茶葉によって異なります。

4 ティーバッグを取り出す

蒸らし終えたらティーバッグを軽く振って取り出します。渋みが出るので、ティースプーンでティーバッグをしぼってはいけません。カップで淹れる場合はこれででき上がりです。

5 ポットで淹れる

カップのお湯を捨て、ポットから注ぎます。

ティータイムを彩る小物たち

ティーアクセサリー

ティーポットやカップ&ソーサー以外にもティーアクセサリーはいろいろあります。必須アイテムともいえるキャディーボックスやクリーマー、シュガーポット、ティーフォーワン…。少しずつコレクションして、素敵なティータイムを演出しましょう。

● クリーマー

ミルクを入れるもので、ミルクピッチャーともいわれます。ミルクティーでは常温のミルクを使用するので、クリーマーをあらかじめ熱湯で温めておきます。お湯を捨てたところに冷蔵庫の牛乳を入れると、ちょうど良く温まります。濃くなった紅茶にお湯をさすホットウォータージャグとしても使えます。

クリーマーとシュガーポット
❶蓋つきミルクピッチャー（カレルチャペック紅茶店）、❷アールデコマリアージュフレール シュガーポット 青、❸アールデコマリアージュフレール クリーマー 青（以上、マリアージュ フレール）、❹参考商品（英国伝統紅茶博物館）、❺ハドンホール カバードシュガー（ミントン）、❻ラベンダーシュガーポット、❼ラベンダークリーマー（以上、T・イソブチカンパニー）、❽ハドンホール クリーマー（ミントン）、❾セレブレイション ティーシュガー、❿ウェルカムティー クリーマー ピンク（以上、ロウレイズティーショップ）

キャディーボックス
❶ギフト缶（ティーズリンアン）、❷クーポール缶 青、❸カリグラフィ缶 赤（以上、マリアージュ フレール）、❹ラベンダーキャニスター（T・イソブチカンパニー）、❺ウェルカムティー ティーバッグポット ジャスミン、❻リーフティーキャニスター ロイヤルブレンド、❼ウェルカムティー ティーバッグキャニスター ピンク（以上、ロウレイズティーショップ）

シュガーポット

その名の通り砂糖を入れるもの。クリーマーとセットになっているものが多いようです。ストレート派の方もたまには砂糖を入れて、甘いひとときを楽しんでみては？

キャディーボックス

茶葉を保存する容器で、「ティーキャニスター」「ティーキャディ」ともいわれます。紅茶は湿気を嫌うため、密閉でき、開け閉めしやすいものが適しています。購入時に茶葉が入れられている缶やビンでも構いませんが、密閉度が低いため、キャディーボックスを使うほうが良いでしょう。日本茶に使う茶筒を利用するのも手です。

トレー

いろいろなものを載せるのに便利な小皿。シュガーポットの代わりにしたり、ジャムやレモンなどを載せたりもします。直接紅茶に入れるもの以外でも、スコーン用のクロテッドクリーム、お茶うけのクッキーやチョコレートなど、ちょっとしたものを載せておくのにぴったりです。

トング

カップに角砂糖を入れる時にシュガーポットからトングを使って取り出します。また、トレーに載せたレモンなどをはさむのにも使います。

ティーマグ＆グラス

たっぷり入る紅茶用のマグと、アイスティーやアイスのバリエーションティーにもぴったりのグラス。カップ＆ソーサ

トレーとトング

❶ジャム ブルーベリー、❷ジャム ストロベリー（以上、ル・コルドン・ブルー・パリ）、❸カップ＆シュガー クリームティー（ロウレイズティーショップ）、❹手作りジャム いちじく（ティーズリンアン）、❺ジャムディッシュ（ミントン）、❻ティートレイ ネイビー、❼ティートレイ ハンターグリーン（以上、キク・コーポレイション）、❽ホームブレンディング ミニトレイ ブルー、❾ウェルカムティー ティープレート ピンク（以上、ロウレイズティーショップ）、❿参考商品、⓫参考商品（以上、英国伝統紅茶博物館）

その他のティーアクセサリー
❶タイムフォーティー ティーフォーワンセット パープル（ロウレイズティーショップ）、❷ティーグラス バジー、❸ティーマドラー、❹ティーグラス ブラッキー（以上、カレルチャペック紅茶店）、❺ティーマグ クリームティー アフタヌーン、❻ティーマグ ティークロック、❼キャンディースティックシュガー ブラウン（以上、ロウレイズティーショップ）、❽棒付き紅茶用砂糖（マリアージュ フレール）

ーよりもポップなものが多いので、カジュアルなティータイムが楽しめそうです。

マドラー＆棒つきシュガー

背の高いグラスやカップを使う時に、ティースプーンの代わりにかき混ぜるもの。棒つきシュガーは、混ぜるたびに少しずつ砂糖が溶け出す優れものです。

ティーフォーワン

一人で楽しむティータイムのための、一人分のポットとカップ＆ソーサーがセットになった便利な一品。上がポットで下がカップ＆ソーサーになっています。ポットで蒸らしている間に下のカップが温まります。カップ＆ソーサーが二ついた「ティーフォーツー」もあります。

ティーブレイク❸ Tea Break

把手もソーサーもなかったティーカップ

ティーカップというと、ほとんどの人が同じ形状のものを想像できると思います。しかし、最初から現在のような形だったわけではありません。

紅茶と同様にティーカップも中国から伝わりました。把手がなく、カップも小さくて、今のウーロン茶用の茶器に似ていたといわれ、もともと薬として扱われていたことを表しています。イギリスではお酒を飲むために把手つきの大型カップが用いられていたこともあり、ヨーロッパで作られるようになって把手つきが誕生しました。

ソーサーに至っては、最初は添えられていませんでした。のちに普及されていくなかで、面白いエピソードがあります。カップに入った紅茶を、ソーサーに移して飲んでいたというものです。これは茶会に招いてくれた主人に対する感謝の表現で、飲む時に音を立てることもマナーのひとつだったのです。飲みやすい温度に冷ますためともいわれますが、正確な理由は分かっていません。

また、カップの内側によく絵柄が施されています。これは注ぐ位置の目安になるように考えられたもので、覚えておくと便利です。

茶葉の研究

紅茶にはたくさんの種類があります。
いろんな角度からその特徴を見てみました。
あなたのお好みはどれ?

どこで生まれるの？適した飲み方は？

茶葉の生産地と特徴

紅茶にはさまざまな種類がありますが、
多くは生産地の名前がつけられています。
生産地別に代表的な茶葉の特徴を紹介しましょう。

ストレートティー向き　ミルクティー向き
レモンティーやバリエーションティー向き
アイスティー向き

インド INDIA

スパイスティーでも知られるインドは、イギリスの開拓により19世紀から紅茶生産が始まりました。今や生産国第一位で、紅茶大国といっても良いでしょう。地方名をそのままつけたダージリン、アッサム、ニルギリ、ドアーズなどが有名です。

ダージリン Darjeeling

ヒマラヤ山岳地帯、ダージリン地方で作られるダージリンは、世界三大銘茶のひとつです。

マスカットフレーバーと評される香りが特徴で、4〜5月に収穫されるファーストフラッシュは極上品。ゴールデンチップという新芽を含んだものは「紅茶のシャンパン」とまでいわれます。水色はオレンジ色で、香りを楽しめるストレートティーがおすすめです。

アッサム Assam

理想的な栽培条件が揃ったアッサム地方の平原は、世界最大の紅茶産地です。紅茶向きのアッサム種は、この地方が原産になっています。

クセがない割に濃厚な味わいで、上品な甘い香りが特徴です。飲みごたえがあって牛乳との相性が良いの

で、ロイヤルミルクティーなどに向いています。水色は澄んだ濃いめの紅色です。

ニルギリ Nilgiri

ニルギリとは「ブルーマウンテン（青い山）」という意味で、アラビア海に面したインド南部にあるなだらかな丘陵地帯で栽培されています。

しっかりした味わいとすがすがしい香りは、地理的に近いスリランカのセイロンティーと似ています。濃いめの澄んだオレンジ色の水色で、アイスティーやミルクティー、バリエーションティーにも最適です。

ドアーズ Dooars

アッサム地方の西にあたる、インドの北東部でドアーズは作られます。

ダージリンと比べると、水色は濃いオレンジ色ですが、口あたりが良く、香りもそれほど強くありません。濃く抽出してミルクティーで楽しみましょう。

スリランカ SRI LANKA

19世紀、独立前のセイロン時代からイギリスによって紅茶栽培が始まった、世界第二位の生産国。スリランカ産のものを総称して、セイロンティーといいます。標高1300m以上の高地で作られたハイグロウンティー、中地産のミディアムグロウンティー、低地産のローグロウンティーの三つに分けられています。

ウバ Uva

ウバは、スリランカ中央山脈の東側で生産されるハイグロウンティーで、世界三大銘茶に数えられます。

タンニンを多く含んでいますが、渋みよりもコクのある味わいになっています。濃く抽出した時に、カップの縁を描く金色の輪は「ゴールデンリング」と呼ばれ、高品質の証になっています。その水色は明るい紅色で、ミルクティーに最適です。

ディンブラ Dimbula

ディンブラはスリランカの中央山脈西側、ウバとは反対側にあたる高地で生産されます。

ハイグロウンティーにしてはタンニン含有量が少なく、口あたりの良いマイルドな味わいです。バラのようなやわらかい香りを持ち、透明感のあるアイスティーが作れます。バリエーションティーにも向いていて、水色はオレンジ色です。

ヌワラエリヤ Nuwara Eliya

ヌワラエリヤが栽培されているスリランカの中央山脈は、ウバとディンブラの間に位置しています。

すがすがしい香りが特徴のハイグロウンティーで、しっかりした味わいになっています。水色は明るいオレンジ色で、ストレートティーがおすすめです。

キャンディー Kandy

キャンディーは、スリランカの古都キャンディーの高地を中心に産出されるミディアムグロウンティー。

鮮やかな紅色をした美しい水色が特徴です。渋みが少ないので、バリエーションティーにも向きますが、アイスティーにすれば水色が楽しめます。

ルフナ Ruhuna

「南」を意味するルフナは、スリランカ南部の高温多湿な熱帯雨林で作られます。

渋みが少なく、独特のスモーキーフレーバーが特徴で、中近東の国々に人気の紅茶です。水色は深く濃い紅色で、ミルクティーに良く合います。

中国 CHINA

中国にはウーロン茶などのイメージが強くありますが、かつてはヨーロッパの紅茶市場を独占していた国。現在でも湖南《こなん》省や安徽《あんき》省などで栽培が続けられています。国内では緑茶が好まれているので、キーマンなどの紅茶はほとんど輸出用に作られています。

キーマン Keemun

亜熱帯気候に属する中国の安徽省で栽培されるキーマンは、世界三大銘茶のうちのひとつです。

蘭の花のような香りをしたスモーキーフレーバーが独特で、ヨーロッパでは「中国茶のブルゴーニュ酒」と呼ばれています。水色は薄めのオレンジ色で、ストレートティーやミルクティーに適しています。

ラプサンスーチョン Lapsang Souchong

ラプサンスーチョンは、中国の福建省で摘まれた葉を、発酵させた後に燻すため薫製茶と呼ばれています。

独特の強いスモーキーフレーバーで、キーマンとともにヨーロッパで珍重されています。水色は濃いめのオレンジ色で、アイスティーに向いています。

その他の茶葉生産地

インド・スリランカ・中国の紅茶葉三大生産地に次ぐのが、インドネシアやアフリカのケニア。その他にも世界各国で年間200万トン近くもの紅茶葉が生産されています。また、日本でも、緑茶品種を原料にしたものを中心に紅茶が作られています。

インドネシア INDONESIA

数多くの島で形成されるインドネシアですが、紅茶生産はオランダ人によって開拓されたジャワ島やスマトラ島を中心に行なわれています。日本でも親しみのあるジャワティーなどの生産国としても有名です。

ジャワ Java

インドネシアのジャワ島西部の高原では、年間を通して品質の安定した茶葉を栽培しています。セイロンティーに似たマイルドな香味が特徴で、さっぱりしたクセのない味わい。水色は明るいオレンジ色で、ストレートティーやアイスティーに合います。

アフリカ AFRICA

東部・中央アフリカでは、20世紀に入ってから紅茶が作られました。最新技術の導入に土壌などの好条件が重なり、急速に生産量を伸ばしています。なかでもケニア産のものは、その品質・生産量ともに注目されています。

ケニア Kenya

20世紀になって紅茶生産を開始したケニアは、CTC製法(p15参照)を採用しています。そのため抽出時間が短く、ティーバッグ用に使われます。渋みが少なく、コクと甘さがある味わいです。水色は濃い紅色で、ミルクティーに向いています。

こんなに違う茶葉の大きさ

色合いとグレードで見る茶葉

茶葉に種類や大きさがあるといっても、具体的な違いは分かりにくいもの。ここでは実際に、4種類の銘柄を使って、ヨコ方向でグレード(OP、BOP、F)を、タテ方向で色合いを比較しています。グレードについてはp14も参照してみて下さい。

ダージリン

アッサム

ニルギリ

ディンブラ

比べて分かる、たくさんの紅茶色

水色《すいしょく》で見る紅茶

紅茶、特にストレートティーやアイスティーでは、
水色は大切な要素のひとつです。ここでは、
同じ条件で淹れた5種類の茶葉の、
淹れたての状態の水色を見比べてみましょう。

共通条件

・一人分をポットで淹れる　・茶葉：リーフティー
・茶葉のグレード：BOP　・使用した茶葉の量：6g
・蒸らし時間：3分

ダージリン

水色はオレンジ色とされていますが、収穫の時期によって変化します。4〜5月頃に収穫されるものは緑がかった色、秋に収穫されるものはワインレッドに近い水色です。春収穫のものは蒸らし時間を若干長め、秋収穫ものは短めにするときれいな水色が楽しめます。

アッサム

澄んだ濃いめの紅色をしています。ただし、クリームダウン（水色が濁ること）が起きやすいので、アイスティーには向きません。ストレートで飲む場合も、水色を楽しむなら、淹れてから早めに飲んだほうが良いでしょう。抽出しやすい特性があるので蒸らし時間は短めに。

ニルギリ

きれいな濃いめのオレンジ色です。アイスティーに向く茶葉ですが、ゆっくり冷やすとクリームダウンが起こって、せっかくの水色が沈んでしまいます。氷を入れたグラスに一気に注いで素早く冷やしましょう。その他ミルクティーやバリエーションティーにも最適です。

ウバ

美しく明るい紅色の水色です。カップに注いだ時に縁の水色が金色の輪のように見える「ゴールデンリング」が楽しめるのがウバの特徴。タンニンが多くクリームダウンしやすいので、アイスティー向きではありませんが、ミルクと合わせた時の色合いを楽しんで。

ディンブラ

澄んだオレンジ色をしています。「紅茶」といえばこのディンブラのような色をイメージする人が多いのではないでしょうか。タンニン含有量が少ないので、アイスティーにしてもこの透明感を保てます。バリエーションティーにも向いていて、1～2月が収穫のベストシーズンです。

味わい派？ 価格派？

コクと価格で見る紅茶

コクがあるものからあっさりしたものまで、
数多くの紅茶が出ているだけに
好みもさまざまです。また、種類によって価格は
どれくらい違うのか、ここでは13種類の
茶葉をコクと大まかな価格で比較しました。

価格帯 100gにつき

A：¥500～1000
B：¥1000～1500
C：¥1500～2000
D：¥2000～2500
E：¥2500～

※紅茶は農産物なので価格は変動する可能性があります。また、茶葉のグレード（p14参照）や販売形態（缶、ビン、袋など）によっても価格が異なってきます。

茶葉	コク 軽 ● ● ● 重	価格
ダージリン	🍂🍂🍂	B～E
アッサム	🍂🍂🍂🍂🍂	B～C
ニルギリ	🍂🍂🍂	A～C
ウバ	🍂🍂🍂🍂	B～C
ディンブラ	🍂🍂🍂🍂	A～C

茶葉	コク 軽 ● ● ● 重	価格
ドアーズ	🍂🍂🍂🍂🍂	B～C
ヌワラエリヤ	🍂🍂🍂	A～B
キャンディ	🍂🍂🍂🍂	A～B
ルフナ	🍂🍂🍂🍂🍂	A
キーマン	🍂🍂🍂	B～E
ラプサンスーチョン	🍂🍂🍂🍂	B～C
ケニヤ	🍂🍂🍂	B
ジャワ	🍂🍂🍂	B

オークションと紅茶の価格

茶園で作られた茶葉はほとんどの場合、各産地国で行なわれるオークションにかけられて取り引きされます。オークションで高値がつくことは茶園の誇りであり、この時の取引価格が、各ブランドがつける販売価格の基準となります。

ティーブレンダーの威信をかけた

ブレンドティー

紅茶は農産物のため、茶園によって、同じダージリンでも、茶摘みの時期、気象条件などで風味に違いが出て来ます。品質と価格を安定させるため、各ブランドでは専門のティーブレンダーが同じ生産地同士のブレンドによる調整を行ないます（商品によっては生産地の違う茶葉を合わせる場合も）。

以下に紹介するブレンドティーは、生産地の違う茶葉をブレンドしたもので、「ブレンドティー」として地位を確立しているものです。このブレンドティーには、紅茶に香りを着けたフレーバードティーも含まれます。

S ストレートティー向き　m ミルクティー向き
L レモンティーやバリエーションティー向き
I アイスティー向き

アールグレイ　Earl Grey　S I m

ブレンドティーにベルガモットで着香したフレーバードティーで、独特な柑橘系の香りが特徴です。

中国に赴任していた外交員がイギリスのグレイ伯爵に献上した紅茶がきっかけで誕生しました。そこからアール（伯爵）グレイという名前になったのです。

アールグレイは中国から伝わったものなので、中国茶をベースにしたものが多くなっています。

水色は濃いめのオレンジ色で、ストレートティー、アイスティー、ミルクティーで楽しめます。

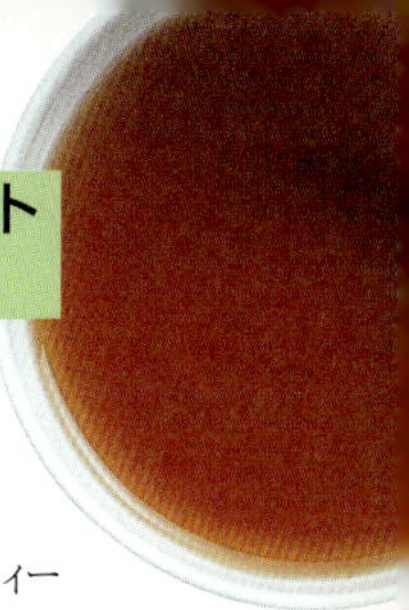

イングリッシュ・ブレックファスト
English Breakfast

イギリスでの朝食に登場する紅茶で、多くがインドティーとセイロンティーをブレンドしたものです。

忙しい朝に飲むためのモーニングティーとして作られただけあって、抽出時間が短くなっています。渋みのある味わいが特徴で、目覚めの一杯にぴったりです。

水色は濃いめの紅色で、ミルクティーなどにすると飲みやすいでしょう。

ロイヤルブレンド　Royal Brend

王室をイメージした味わいを表現したものがロイヤルブレンドです。ブレンドの内容や割合は各ブランドによってそれぞれ異なります。ダージリンやアッサム、ドアーズといったインドティーのほか、セイロンティーなど、多くの種類がブレンドされています。

水色は濃いめが多く、ミルクティーで飲むのがおすすめです。

オレンジペコー
Orange Pekoe

オレンジペコーは新芽を含んだフルリーフという茶葉のグレードのことです。しかし、ブランドによっては商品名として使っているケースもあります。

「オレンジ」は、葉の色がほかの部分よりも薄く、オレンジ色に近いところから来ています。「ペコー」は中国語で「細い毛」を意味する白毫(はくもう)の、中国語の発音を英語読みしたものです。

産地銘柄名ではなく、また、ブレンドティーであるとも限りません。

ティーブレイク④ Tea Break

紅茶輸送用の快速帆船 ティークリッパー

ヨーロッパと中国がお茶の貿易を始めた18世紀、物資の輸送には帆船が用いられていました。当時のイギリスは国際輸送のリーダー的な存在で、中国から大量のお茶を輸入していました。しかし、アメリカで高速帆船「クリッパー(clipper)」が開発されたことで、お茶の海上輸送に新しい時代が訪れました。

正式に独立したアメリカは、その頃一般的であった喜望峰回りの航路ではなく、南米を経由して中国との通商を成功させました。1849年になると、やっとイギリスでもクリッパーを建造するようになります。保存期間が短いお茶を一日でも早く運ぶために、両国で激しい競争が繰り広げられました。1850～60年代のイギリスでは、賞金つきのレースまで行なわれるようになります。その年にできた新茶をロンドンまで一番早く運ぶという競争です。

19世紀後半の蒸気船の登場によって、このクリッパーは姿を消すことになります。しかし、それまでより数倍もおいしいお茶を、イギリス人に提供できるようになった功績は語り継がれていくことでしょう。

ティーバリエーション

いつもの味にアレンジを加えて
紅茶ワールドを広げましょう。
全ての時間がティータイムに変わります。

※本文中で表示した大さじ1は15cc、小さじ1は5cc、1カップは200cc、また、ティーカップ1杯は130～140cc、グラス1杯は約200ccです。「紅茶」とあるものはp34を、アイスティーとあるものはp40を参照して下さい。

バリエーションティー

紅茶の定番、ストレートティーや
ロイヤルミルクティーだけでは
すばらしい紅茶の世界を
語り尽くすことはできません。
いつもの紅茶にちょっとした
アレンジを加えることで
そのフレーバー（風味）のさまざまな
バリエーションを知ることができるのです。
ここではそのいくつかに
チャレンジしてみましょう。
ミルクやスパイス、それにアルコール類
さらにフルーツなどを効果的に使うと
ティータイムはさらに
豊かな広がりを見せてくれます。

紅茶とさまざまな食材のハーモニー

四季おりおりの紅茶を楽しむ

季節感をアレンジして
ティータイムをもっと豊かに

一日の紅茶時間を楽しむ際に
テーブルに季節感をアレンジすることで
紅茶の味わいはまた格別なものになります。
春夏秋冬、季節の変化を楽しみながら
紅茶の淹れ方やセッティングに心を配る
――そんな気づかいがきっとあなたの
ティータイムを豊かなものにしてくれます。

バリエーションティーは目新しさや
奇抜さだけにとらわれるのではなく
四季おりおりの感性を
アレンジするために考えたいものです。

いちごのキュートな甘酸っぱさが
爽やかに紅茶とマッチ

ストロベリーティー

作り方

①いちご1個分をつぶして茶葉とともにポットに入れ、カップ2杯の熱湯を注ぐ。

②残りのいちごをスライスし、ロゼワインとともにカップに入れる。

③❶を❷に注ぐ。

材料	茶葉	9g
(2人分)	いちご	2個
	ロゼワイン	ティースプーン1杯

高山地域・チベットでは欠かせない
大切なエネルギー源

バターティー

材料（2人分）

紅茶 …ティーカップ2杯
塩 …ティースプーン2杯
バター ……………10g

作り方

①紅茶をカップに注ぐ。

②❶に塩を加えて溶けるまでよく混ぜる。

③❷にバターを浮かべる。

バターティーとは

チベットなどの高山地域では唇の乾燥を防いだり、貴重なエネルギー源として飲まれているバターティー。本場では茶葉を圧縮して丸く成型した固形茶が常用されています。

眠れない夜に
眠気を誘うミント&ミルク

ミントミルクティー

作り方

①鍋に茶葉とドライミント、水カップ1杯を入れて火にかける。

②❶の茶葉が開いたら牛乳を加え、沸騰前に火を消す。

③❷を漉しながらカップに注ぎ、フレッシュミントを飾る。

※茶葉+ドライミントの代わりに、ミントティーの茶葉でも良いでしょう。

材料（2人分）

茶葉……………………………6g
ドライミント…………………3g
牛乳……ティーカップ1杯
フレッシュミント……少々

ほのかなラム酒の香りと
妖しげな炎を楽しむ大人の紅茶

ラムティー

作り方

①紅茶をカップに注ぐ。

②ティースプーンに角砂糖を載せ、ラム酒を充分含ませる。

③❷に火をつけ、アルコール分をとばした後、カップに入れてかき混ぜる。

※好みでブランデーなどほかのお酒でも構いません。ただし、アルコール分の少ないお酒だと火がつかないので注意しましょう。

材料（2人分）	紅茶	ティーカップ2杯
	角砂糖	2個
	ラム酒	適量

スパイスが入ったチャイに
とろける甘さをプラス

マシュマロチャイ

作り方

①カップ1杯の水を鍋に入れて火にかけ、沸騰したら茶葉を加える。

②❶の茶葉が開いたらスパイスと牛乳を加える。沸騰直前で火から下ろし、ストレーナーを通してカップへ。

③❷の中にマシュマロを浮かべる。

材料（2人分）	茶葉	9g
	牛乳	ティーカップ1杯
	スパイス（カルダモン2粒、シナモンスティック1本、クローブ5個、生姜少々、ローリエの葉2枚）	
	マシュマロ	適量

チャイとは

チャイはお茶を指す言葉。インドでチャイといえば、マサラティーとも呼ばれるスパイスの入ったミルクティーが一般的です。使用するスパイスに特別な決まりはありませんので、楽しみながら好みの味を見つけ出して下さい。ベースにする茶葉には、牛乳に負けないコクを持ったアッサムやセイロンなどが適しています。ちなみにマサラとは「スパイス」という意味。

シナモンのエキゾチックな香りが
ホッとするひとときを演出

シナモンティー

作り方

①シナモンスティック1/2本分を砕き、茶葉、シナモンパウダーとともにポットに入れ、カップ2杯の熱湯を注いで紅茶を淹れる。

②❶をカップに注ぐ。

③シナモンスティックを1本添える。

※シナモンスティックはスプーン代わりとしても使います。シナモンの甘くスパイシーな香りが上ります。

材料 （2人分）	茶葉	9g
	シナモンスティック	2本半
	シナモンパウダー	少々

甘いアイスを使うのに
すっきりとした口あたり

ティーシェイク

作り方

①いちごはへたを取る。
②❶と全ての材料をミキサーに入れて撹拌する。
③グラスにクラッシュアイスを入れ❷を注ぐ。

材料（2人分）

アイスティー	…1カップ
牛乳	…………1/2カップ
アイスクリーム	………………1/2カップ
いちご	………………2個
クラッシュアイス	…適量

心地良くのどを通る冷たさの快感

ティースムージー

作り方

①紅茶は半冷凍状態、ヨーグルトと杏は完全に凍らせる。
②❶と全ての材料をミキサーに入れて撹拌する。

材料（2人分）

紅茶（2倍の濃さのアールグレイ）	…125cc
ヨーグルト	…100g
杏缶（汁は切る）	50g
ハチミツ	…大さじ2
レモンの皮	……少々

黄色いりんごジュースと褐色の紅茶との
コントラストが美しい

セパレートティー

作り方

①グラス半分にアイスティーを注ぐ。
②❶にクラッシュアイスを入れ、りんごジュースを静かに注ぐ。

※アイスティーにしっかりと甘みをつけて、ジュースとの比重差を大きくするのがポイント。ジュースとうまく分かれない時は、ジュースを若干温めると良いでしょう。

材料（2人分）

アイスティー（しっかりと甘みをつけたもの）………グラス1杯
クラッシュアイス……………………………………適量
りんごジュース……………………………………グラス1杯

フルーツをたくさん入れてカラフルに。
パーティにぴったり

ティーパンチ

作り方

①紅茶にグラニュー糖を加え、よく溶かしてから冷やす。フルーツ類はひと口大に切っておく。

②パンチボールに全ての材料を入れ、ひと混ぜしたらカップに取り分ける。

※子供用には、ラム酒をフルーツジュースに替えて作ると良いでしょう。

材料（5人分）		
	紅茶（濃く淹れたもの）	700cc
	グラニュー糖	60g
	フルーツ缶（汁は切る）	250g
	フルーツ	適量
	炭酸水	250cc
	ラム酒	大さじ2

泡がはじける、のどごし爽やかなティータイム

フルーツティースカッシュ

作り方

①グラスにアイスティーとフルーツジュースを注ぐ。

②❶に炭酸水を加え、カットしたパイナップルを飾る。

材料（2人分）

アイスティー …………グラス1杯

フルーツジュース ………グラス1/2杯

炭酸水 ………グラス1/2杯

パイナップル …適量

紅茶とワインの奏でるハーモニーは
ナイトキャップ代わりにおすすめ

ワインティー

作り方

①紅茶にハチミツとレモン汁を混ぜて、よく冷やしておく。

②グラスに❶を入れ、冷やしたポートワインを注ぐ。

③レモンの輪切りを半分にカットし、❷に飾る。

材料（2人分）

紅茶（濃く淹れたもの） ……………………1カップ

ハチミツ …………小さじ3

ポートワイン ………80cc

レモン汁…………1/4個分

レモンの輪切り ………1枚

華やかな席を彩る
カラフルな花の紅茶

フラワーティー

作り方

①グラスにアイスティーを注ぐ。

②❶に食用花を飾る。

※茶葉はフラワーフレーバードティーがおすすめ。

材料（2人分）

アイスティー……グラス2杯
食用花 ……………………適量

ジャムの甘さが温もりをもたらす
極寒の国の伝統的な味

ロシアンティー

作り方

①紅茶をカップに注ぎ、ジャムを入れる。

材料（2人分）

紅茶（濃く淹れたもの）	ティーカップ2杯
ジャム（またはマーマレード）	適量

ロシアンティーとは

寒いロシアではいつでも温かい飲み物を飲めるように、サモワールという湯沸かし器で紅茶を淹れる習慣があります。ロシアンティーも体が温まる伝統的な飲み物ですが、ジャムと一緒にブランデーを少し加えると、さらに体が温まります。

チョコと生クリームをプラスして
コクのあるデザートティーに

チョコミルクティー

作り方

①牛乳とチョコレートシロップは混ぜてグラスに入れる。
②❶にアイスティーを注ぎ、ホイップクリーム、飾り用のチョコレートを載せる。

材料（2人分）

アイスティー …240cc
牛乳 …………………60cc
チョコレートシロップ
………………………40cc
ホイップクリーム …適量
チョコレート（飾り用）
………………………適量

凍えた体もぽっかぽか。
芸術家たちが愛した味

ウインナーティー

作り方

①あらかじめカップにざらめを入れておく。

②❶に紅茶を注ぎ、ホイップクリームで表面を覆うように飾る。仕上げにシナモンパウダーを振って、香りをつける。

※仕上げのシナモンパウダーをラム酒に替えても違った味わいが楽しめます。

材料（2人分）	紅茶	ティーカップ2杯
	ざらめ	ティースプーン2杯
	シナモンパウダー	少々
	ホイップクリーム	適量

レモンティーとはひと味違う
すっきりした味わい

ライムティー

作り方

①ライムの皮をらせん状にむき、2等分しておく。
②グラスにアイスティーを注ぎ、ライムの実（❶で皮をむいたもの）をグラスにしぼる。
③❷のグラスに❶を入れる。

材料（2人分）

アイスティー……………グラス2杯
ライム……………1個

りんごのような香りに、ストレスがとんでいく

カモミールミルクティー

作り方

①鍋に茶葉とドライカモミール、水カップ1杯を入れて火にかける。
②❶の茶葉が開いたら牛乳を加え、沸騰する前に火を止める。ストレーナーを通してカップに注ぐ。

※カモミールティーの茶葉を使っても良いでしょう。

材料（2人分）

茶葉……………6g
ドライカモミール……………3g
牛乳……………ティーカップ1杯

つるっとしたタピオカがおいしい
アジア風アイスミルクティー

ココナツミルクティー

作り方

①タピオカを入れたグラスに、アイスティーとココナツミルクを注いで、よく混ぜ合わせる。

②5分ほどして❶が分離してきたら、ホイップクリームを載せて、ココナツロングを飾る。

材料（2人分）

アイスティー（濃いめでしっかりと甘みをつけたもの）…280cc
ココナツミルク ……60cc
タピオカ（戻したもの）……50g
ホイップクリーム……適量
ココナツロング……適量

貧血予防のためにも
たくさん作って常備したい

プルーンの紅茶煮

作り方

①ドライプルーンは軽く洗ってぬるま湯に10分ほど浸け、ペーパータオルなどで水気を切る。

②紅茶と砂糖を鍋に入れて火にかけ、砂糖がよく溶けるまで混ぜる。

③❷に❶を加え、中火にかける。煮立ったら弱火にし、さらに10分ほど煮る。火を止めて冷ませば完成。

※保存は密閉容器に煮汁ごと入れます。冷蔵庫で10日間ほど保存可能です。

材料（作りやすい分量）

紅茶（2倍の濃さのアールグレイ）	1カップ
ドライプルーン	200g
砂糖	大さじ2

舌に…鼻に…。ほのかに残るバラの風味

紅茶アイス

作り方

①卵黄と砂糖をボールに入れ、泡立器で白っぽくなるまで混ぜ合わせる。

②牛乳と茶葉を入れた鍋を中火にかけ、沸騰直前に火を止めて漉す。

③❶に少量ずつ❷を加えてなじませる。

④❸を鍋に入れ、木べらなどで混ぜながら中火にかける。とろみがついてきたら火から下ろす。

⑤❹が冷めたらバットに流し入れ、ラップをして一度凍らせる。

⑥❺を取り出し、少し柔らかくなった時点でボールに移し、泡立器で撹拌する。

⑦泡立てた生クリームを❻に加え、混ぜ合わせる。

⑧❼を再びバットに入れて冷凍する。

材料 (4人分)	茶葉(ローズティー)	10g
	卵黄	3個分
	砂糖	80g
	牛乳	240cc
	生クリーム	1カップ

食べるとやみつきになる
すっきりした甘さのみつ豆

紅茶のクリームみつ豆

作り方

①みつ豆は器に盛る。

②アイスティーを❶に回しかけアイスクリームを載せる。

③仕上げにコンデンスミルクをかける。

※みつ豆の香りが強いので、紅茶は濃いめに淹れましょう。

材料（2人分）	アイスティー（アールグレイ）	40cc
	みつ豆缶（汁は切る）	200～250g
	アイスクリーム	適量
	コンデンスミルク	大さじ2

口に広がる紅茶の香り。
さくさく歯ざわりの簡単クッキー

紅茶クッキー

作り方

①茶葉はすりばちなどで粉状にする。卵黄とバターはあらかじめ冷蔵庫から出し、室温に戻しておく。薄力粉はふるっておく。

②バターをボールに入れ、泡立器でクリーム状になるまで練る。

③❷に砂糖を入れてすり混ぜ、さらに卵黄と茶葉も加えて混ぜる。

④❸に薄力粉を入れ、木べらでさっくりと混ぜる。

⑤ラップで❹を包み、20㎝ほどの棒状に形を整える。

⑥❺を冷凍する。

⑦❻を取り出し、7㎜幅ほどの輪切りにする。

⑧❼を天板に並べ、180度に熱しておいたオーブンで20分ほど焼く。

※⑥の状態で冷凍保存しておけば、いつでも焼きたてが食べられます。

材料（25個分）

茶葉（アールグレイ）	3g
薄力粉	150g
バター	120g
卵黄	1個
砂糖	90g

紅茶好きみんなで作りたい、おやつの定番

紅茶ドーナツ

作り方

①茶葉はすりばちなどで粉状にする。バターは湯せん(または電子レンジ)で溶かす。卵は室温に戻しておく。

②卵と牛乳をボールに入れて合わせたら、バターを加えて混ぜる。

③❷にホットケーキミックスと茶葉を加えて混ぜ、ひとまとめにする。

④❸を7㎜ほどの厚さに伸ばし、打ち粉をして型で抜く。

⑤揚げ油を170～180度に熱し、❹を揚げる。

⑥❺の油をよく切り、茶漉しで粉砂糖を振る。

材料（直径7cmのドーナツ型12個分）

茶葉（アールグレイ）……大さじ2
ホットケーキミックス……200g
バター……20g
卵……1個
牛乳……大さじ2
打ち粉（薄力粉）、揚げ油、粉砂糖……いずれも適量

茶葉いっぱいのマフィンは
プレゼントにも最適

紅茶マフィン

作り方

①茶葉はすりばちなどで粉状にする。バターはあらかじめ冷蔵庫から出し、室温に戻しておく。薄力粉、ベーキングパウダーは合わせてふるう。卵は溶いておく。

②バターをボールに入れ、泡立器でクリーム状になるまで練る。砂糖を加え、白っぽくなるまで混ぜ合わせる。

③❷に卵を少しずつ加えてなじませたら、牛乳を入れて混ぜる。

④❸に茶葉、薄力粉とベーキングパウダーを加え、木べらでさっくりと混ぜる。

⑤マフィン型に❹を入れ、180度に熱しておいたオーブンで25〜30分焼く。

材料
（直径45㎜のマフィン型6個分）

茶葉（アールグレイ）……4g
薄力粉……200g
ベーキングパウダー……小さじ3/4
バター……150g
砂糖……120g
卵……2個
牛乳……1/4カップ

レモンティーの味!? 焼き上がりが待ち遠しい

紅茶パウンドケーキ

作り方

①茶葉はすりばちなどで粉状にする。バターはあらかじめ冷蔵庫から出し、室温に戻しておく。薄力粉とベーキングパウダーは合わせてふるう。

②5㎜角に切ったレモンピールにラム酒を振り、30分ほど置く。

③バターをボールに入れ、泡立器で練る。砂糖を5回ほどに分けて加え、白っぽくなるまで混ぜる。❷を加えて、ざっと混ぜ合わせる。

④❸に溶いた卵を5回に分けて混ぜる。

⑤❹に薄力粉とベーキングパウダー、茶葉を加え、木べらでさっくりと混ぜる。

⑥パウンド型に❺を入れる。型を軽く落として空気を抜き、木べらで表面を平らにならす。

⑦170度に熱したオーブンで❻を40～45分焼く。

材料
（18cmのパウンド型1個分）

茶葉（アールグレイ）	5g
バター	100g
砂糖	100g
卵	2個
薄力粉	100g
ベーキングパウダー	小さじ1
レモンピール	100g
ラム酒	大さじ1

スパイスをプラスすれば
おいしい中華惣菜のでき上がり

ゆで卵の紅茶煮

作り方

①卵はゆでて殻をむいておく。

②鍋の中に❶の卵がかぶる程度の水とその他の材料を入れ、弱火で30分ほど煮る。

③そのまま一晩置く。

材料（4人分）

紅茶ティーバッグ	1袋	しょうゆ	大さじ2
卵	4個	老酒	小さじ1
八角	2個	砂糖	小さじ1
山椒	5個	生姜	薄切り2枚

紅茶の香りがフワッと立ち上る。
ティーバッグで作れる炊き込みご飯

紅茶ご飯

作り方

①米は炊く30分前に研いで、ざるに上げておく。甘栗は1個を4つほどに砕く。紅茶ティーバッグ1袋はパックを開き、茶葉を出しておく。
②炊飯器に❶と塩、普通に炊くよりやや多めの水を入れ、ひと混ぜする。
③❷に紅茶ティーバッグ3袋を載せて炊き上げる。

※甘栗の代わりに1cm角に切ったさつまいもなどを使ってもおいしくいただけます。

材料（3合分）

紅茶ティーバッグ	4袋
米	3合
塩	小さじ3/4
甘栗	20個程度

ティーブレイク⑤ Tea Break

猛暑が生んだ アイスティー

アメリカには、諸外国による植民地時代を通して、喫茶の習慣が定着しました。磁器などの茶道具も伝わり、ロンドンをまねた本格的なティーガーデンまで登場したほどです。喫茶の習慣は、中国からお茶を直接輸入するようになってからも続きましたが、19世紀に入って都市化が進み、急激に薄れていきます。

そのアメリカのセントルイスで1904年に開催された万博会場で、二つの有名な食品が誕生しました。ひとつは、車社会に対応したアメリカンスタイルとして普及していくハンバーガー。そしてもうひとつがアイスティーです。お茶のセールスに来ていたイギリスのリチャード・ブレチンデンが、猛暑で売れ行きの悪い紅茶に氷を入れた「iced tea」を作ったことで、偶然にもアイスティーは生まれました。それが来場者に大評判となり、熱い紅茶を正式としていたイギリスでも受け入れられていくのです。

その後、第二次世界大戦でお茶の輸入が困難になり、アメリカではコーヒーが飲まれるようになります。熱い紅茶を飲む習慣は失われてしまいましたが、現在ではアイスティーという形で親しまれています。

紅茶を使う

古くなってしまった茶葉や
淹れたあとの茶がらをどうしていますか?
紅茶は味わう以外にも使い道があります。

うがい薬　その1

茶葉に含まれるカテキン類には、さまざまな効能があります。主に生活習慣病の予防に役立ちますが、ここで注目したいのはその優れた殺菌効果です。

濃いめに抽出した紅茶でうがいをすると、カテキンがインフルエンザウイルスをコーティングして、感染を防いでくれます。ただ飲むだけではこの効果は得られないので、うがい用として淹れるようにしましょう。

また、インドやインドネシア産の茶葉には、自然界のフッ素が含まれているため、虫歯予防にも有効です。

その2　植物に

紅茶を抽出した後の茶がらは、植物の良い肥料になります。市販の肥料の強い臭いが気になる場合は、茶がらを混ぜると脱臭効果も期待できます。また、飲み残した紅茶は、植木に与える水の代わりに。花びんの花には、乾燥した茶がらを入れて、日持ちを良くさせましょう。

脱臭剤 その3

茶葉には周りの臭いを吸収する特徴があります。これを利用して、古くなった茶葉や、飲んだ後の茶がらを冷蔵庫や下駄箱の脱臭剤にしましょう。乾燥させた茶がらを小皿に載せたり、お茶パックに入れて置いておきます。この効果は1週間ほど続きます。

また、茶葉をストッキングなどに入れて、フライパンやまな板を洗えば、肉や魚の生臭さが取れます。ティーバッグを使ってもOKです。

その4 お掃除に

使用済みティーバッグはスポンジ代わりになります。シンクを磨いたり、油のついた食器でも、軽い汚れなら洗剤を使わずに洗えるのです。環境保護の面からもおすすめなので、ぜひ試してみましょう。

そのほか、濃いめに淹れた紅茶で木の柱やフローリングなどを拭くと、汚れが落ちやすくなります。

その5　疲れ目に

　紅茶成分のカテキン類やビタミン類には、疲れた目をリラックスさせる効果もあります。

　使い方は、使用済みのティーバッグを冷水か冷蔵庫で冷やし、軽くしぼって、直接まぶたに載せます。これなら忙しい人にも簡単で、紅茶の成分が皮膚に浸透する以外に、冷たい爽快感も得られて一石二鳥です。

染める　その6

　古くなったり、口に合わなかった茶葉などがあれば、アンティークな風合いに仕上がる紅茶染めに挑戦してみましょう。

　初めは色の加減が難しいので、まずは使い古しのハンカチなどを使って色の具合を確認すると良いでしょう。

紅茶染めの基本的な手順

① ハンカチなどの染めたい物を水洗いします。
② 鍋にたっぷりの水を入れ、好みの色になるまで茶葉を煮出します。
③ ❷の鍋に❶のハンカチを入れ、落としブタをして30分ほど弱火で煮ます。
④ 好みの色がついたら、水洗いして陰干しします。

その7　入浴剤

残ってしまった紅茶は、入浴剤代わりにお風呂に入れてみるのも一案です。紅茶の香りが日々のストレスを和らげてくれます。

直接ティーポットから抽出液を湯舟に入れる方法、茶葉を詰めたお茶パックやティーバッグを一袋程度、浮かべる方法などがあります。

また、日焼けしてヒリヒリしている肌にも、紅茶風呂はおすすめです。水風呂にティーポットなどから抽出液を入れるようにしましょう。そのほか、冷ました濃いめの紅茶で顔を洗うと、化粧崩れしにくくなります。

その8　お部屋に

古くなってしまったフレーバードティーなどは、部屋の芳香剤や吸湿剤としても活躍します。

また、引き出しや戸棚に入れておけば、建材の接着剤として使われているホルムアルデヒドも吸収してくれます。なお、乾燥させた使用済みティーバッグでも同じ効果があります。

ヘアケア　その9

紅茶で髪をすすぐと、その香りで気分がリラックスできます。同時に、茶葉に含まれるタンニンやカフェインといった成分が、髪に良い影響を与えてくれるのです。

髪のタンパク質と結びつきやすいタンニンは、傷んだ髪を柔らげ、カフェインは地肌を引き締めてくれます。

また、白髪染めの際にも、リンス代わりに紅茶を使うと、仕上がりに違いが出てきます。

その10　アロマでリラックス

疲れた体と心を癒してくれるアロマテラピー。アロマとは香り、テラピーとはフランス語で療法のこと。日本では芳香療法とも呼ばれています。お香やエッセンシャルオイルなどを使って、アロマ効果に親しんでいる人も多いでしょう。

もちろん紅茶だって、アイデアひとつで香りを楽しむアロマグッズに大変身！　茶葉をエッセンシャルオイルの代わりにポットで焚いたり、ロウソクに紅茶の香りや色を着けたオリジナルティーキャンドルを作ったり、紅茶の楽しみ方はまだまだ広がっていきます。

紅茶は飲むだけのものと考えずに、自由な発想でチャレンジしてみましょう。

ポットを使う

アロマポットの小皿にエッセンシャルオイルの代わりに茶葉を入れ、下からロウソクの火で焙ぶると紅茶の香りが楽しめます。古くなった茶葉でも、充分リラックスできます。使うポットは素焼きのものにしましょう。

おすすめは、香りが強いフレーバードティー。爽やかなものから甘いものまで、好みの香りで選びましょう。茶葉をブレンドすると香りの世界が広がります。

ティーキャンドルを作ろう

紅茶の香りと、ロウソクの灯りによるライトテラピーを合わせたティーキャンドル。自然の素材を使って、色や香りを着けたティーキャンドルを作ってみましょう。

用意するものは、ロウソクとお好みのティーバッグだけ。刻んだロウソクを湯せんで溶かし、ティーバッグを入れて煮出します（70～80度で約40分）。うっすらと色が着き、かすかな香りがしてきたら、芯を入れた紙コップに流してでき上がり。茶葉をパラパラ入れると、見た目にも可愛いキャンドルに仕上がります。

ティータイムの時間割

イギリスのティータイムにはさまざまなものがあり、その飲まれ方は7種類に大別できます。

●アーリーモーニングティー
目覚めの一杯として頭をすっきりさせます。

●モーニングティー
朝食の時に飲むもので、ミルクをたっぷり入れます。

●イレブンジィスティー
午前11時頃に飲んで、その日の予定を考えます。

●ランチティー
昼食の時に飲む紅茶のことです。

●アフタヌーンティー
午後2時ぐらいから軽食とともに飲むものです。

●ハイティー
肉料理を中心とした簡単な夕食と一緒に楽しみます。

●アフターディナーティー
デザートを食べながら、紅茶を飲んでくつろぎます。

この他にも、おやつ感覚のティーブレイクや、眠る前のナイトキャップなどがあります。

紅茶を選ぶ

選ぶのに迷ってしまう紅茶。
ここではオススメ商品を
タイプ別にピックアップしました。

※本文中で表示したⒷは
どこの国のブランドかを
Ⓟは茶葉の産地を示します。

茶葉の魅力をそのままで

ストレートティーで飲みたい

世界各地のさまざまな条件で育まれた茶葉の個性を味わうなら、やはりストレートティー。香りや水色の違いがダイレクトに楽しめます。

葉桐
山森紅茶FOP(50g)

Ⓑ日本　Ⓟ日本

花のようなまろやかな香り、鮮やかなオレンジ色、渋みの少なさが特徴。紅茶自体に甘みがあるので、砂糖なしでも充分に自然の甘さを味わえます。

フォション
アップルティー(125g)

Ⓑフランス　Ⓟスリランカ

フォションでも一番人気のアップルティー。スリランカ産茶葉のコクと優しいりんごの香り、濃い褐色の水色が絶妙なハーモニーを奏でます。

ロイヤルコペンハーゲン
ダージリン(57g)

Ⓑデンマーク　Ⓟインド

上質の茶葉という感を受ける紅茶です。水色は明るい紅色でダージリンを評する時の「シャンパンのよう」という表現がぴったりです。

ティーズリンアン

ダージリンファーストフラッシュ チャモン茶園(100g)

Ⓑ日本　Ⓟインド

口の中に広がる香りと味のバランスが良く、どんな飲み方でも合いますが、ストレートがイチオシ。水出しも可能です。

ディンブラ

フレッシュティーヌワラエリア(100g)

Ⓑ日本　Ⓟスリランカ

快い刺激的な渋みと若草のようなすがすがしい香りは、日本茶での玉露や煎茶のよう。水色はオレンジ色を帯びた明るい赤です。

ティージュ

ダージリン(115g)

Ⓑ日本　Ⓟインド

一流茶園の、樹齢100年前後の中国種の樹から作られる一等級の「FTGFOP1」だけを使った紅茶。豊かで繊細な味わいと香りです。

TEA ROOM

紅茶専門店 ディンブラ

紅茶研究家・磯淵猛さんが1979年にオープンしたお店です。明るく気持ちのいい店内では新鮮な紅茶と、ワッフルやホットサンドイッチなどが楽しめ、ティーグッズも販売。また、紅茶に親しんでもらおうと、「サンデーティータイム」を年6回開催しています。

神奈川県藤沢市鵠沼石上2-5-1 丸生ビル2F
☎0466-24-4692　FAX0466-27-0869
営／10：00～19：00　休／火
ホームページ／http://www.tvz.com/tea/

まろやかで口あたりが良い

ミルクティーで飲みたい

ミルクティーは、コクがあって、口あたりもまろやか。ミルクに負けない、強い味わいや水色をもった茶葉がぴったりです。

ブルックボンド

ホテル&レストランブレンド リーフティー ミルクティーブレンド(110g)

Ⓑイギリス　Ⓟインド、スリランカ

控えめの渋み、しっかりとしたコクと飲みごたえがミルクとの相性抜群のミルクティー用の紅茶。ロイヤルミルクティーとしてもおいしい。

ウェッジウッド

イングリッシュブレックファスト(140g)

Ⓑイギリス

Ⓟインド、スリランカ、ケニア

ミルクに良く合うアッサム、セイロン、ケニアのブレンド。爽やかで深みのある香りとすっきりした味わいで、目覚めの1杯にぴったりです。

ドゥ・マゴ

アフタヌーンティー(2g×8)

Ⓑフランス　Ⓟスリランカ

スリランカのウバ・ハイランド地区産の茶葉を使ったアフタヌーンティー。香り高くまろやかな味わいを手軽に楽しめるティーバッグタイプです。

ミントン
ロイヤルミルクティーブレンド（80g）

Ⓑイギリス　Ⓟインド、スリランカ

コクのあるアッサム、香りの良いセイロンなど、熟成した茶葉を選りすぐってブレンド。奥深く芳醇な香りと味のハーモニーが広がります。

ロウレイズ
ティーレーデンティーモーニング（100g）

Ⓑ日本　Ⓟインド、スリランカ

ウバ特有の芳香と力強い味に、インド茶のコクをプラス。朝のミルクティーにふさわしいしっかりとした味わいが特徴。

メルローズ
スコットランドタータンチェックロイヤルミルクティー（90g）

Ⓑスコットランド　Ⓟインド、スリランカ

スリランカ産、インド産の茶葉をブレンド。濃厚なコク、芳醇で爽やかな香り、濃い紅色の水色と、ミルクティー向きの条件を備えています。

TEA ROOM
ウェッジウッドティールーム広島福屋店

ウェッジウッドのカップで高級感溢れるティータイムが過ごせます。アールグレイ、オリジナルブレンドティーのほか、スコーンやマフィン、ひと口サンドイッチとセットになったアフタヌーンティーセットもオススメ。

広島県広島市中区胡町6-26 福屋6F
☎082-246-6343
営／10:30〜19:00
（金・土は〜19:30）
休／水（不定休。福屋に準ずる）

いつでも手軽に楽しめる

ティーバッグで淹れたい

ひと口にティーバッグといっても形、素材、淹れ方など、さまざまな種類があります。より手軽に紅茶を楽しむために生まれたティーバッグ。さて、あなたのベストチョイスはどれですか？

西製茶所

出雲国の紅茶（3g×20）

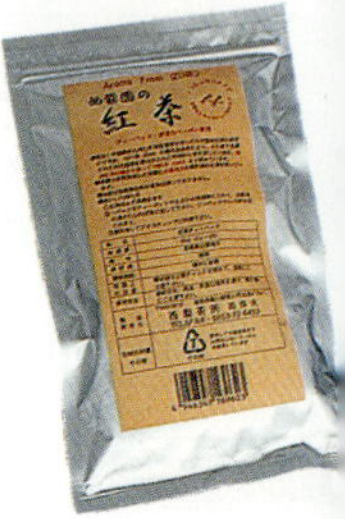

Ⓑ日本　Ⓟ日本

島根県出雲地方産の緑茶品種から作られる出雲国の紅茶は、酸味や渋みが少なく、何杯でも飲めそうなマイルドさ。起き抜けにも眠る前にもぴったりです。

ティージュ

ポット用ティーバッグ アッサム（4g×10）

Ⓑ日本　Ⓟインド

たっぷり楽しめるティーポット用のティーバッグ。抽出を妨げないよう、ティーバッグは大きめになっています。ミルクティーやチャイに最適です。

GHフォードティー

16Pアソート（2.2g×16）

Ⓑアメリカ

Ⓟインド、スリランカ、中国

ティーボール16種のセット。ティーボールはリーフをガーゼペーパーで包んだ、ティーバッグの元祖ともいえる商品です。

ビゲロ

6アソート フレーバーティー(18)

Ⓑアメリカ　Ⓟアメリカ

ニューヨークのブランド。ビゲロの代表的なフレーバードティー6種をチョイスしてセットにしたもの。

ロウレイズ

ヴィクトリアンサマーティー ヴィクトリアンブレンド (10g×5)

Ⓑ日本　Ⓟインド、スリランカ、中国

ヴィクトリア女王が好んだといわれる、柑橘系フルーツの香りが爽やかなブレンドティー。水で出すタイプのアイスティー用ティーバッグです。

リプトン

NEWリプトン ダージリン ティーバッグ (2.1g×10)

Ⓑイギリス　Ⓟインド

大きめのピラミッド型が特長で、茶葉がより広く動き回れるようになっています。気品ある香りと繊細な味わいはストレートティーで。

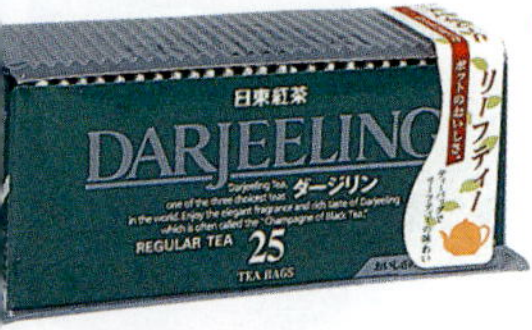

日東紅茶

レギュラーティー ダージリン (2.2g×25)

Ⓑ日本　Ⓟインド

ダージリンから直輸入した香り高いリーフティーだけを使った、本格的な味と香り。気品ある香りと豊かな味わいが手軽に楽しめます。

世界一の紅茶大国

インド産の紅茶

世界一の茶葉生産量を誇るインド。スパイスティーで知られるチャイとして国内でも多く飲まれています。ダージリンやアッサムなど、有名な茶葉が産出され、渋み、コク、香りに強い個性を持っています。

ダージリンクラブ

カスタムダージリン(100g)

Ⓑ日本　Ⓟインド

ダージリンの持ち味が強く出ている紅茶。新鮮な驚きを引き出した本格派好みの味わいです。会員制の通信販売のみ。

タカノインディアティーセンター

超特選ニルギリ
ノンサッチ茶園(80g)

Ⓑ日本　Ⓟインド

1973年、インド政府の承認により設立されたタカノインディアティーセンター。ジャムやフルーツを入れても新しいおいしさに出会えます。

ガネッシュ

新茶の紅茶
アッサムフラワーティー(75g)

Ⓑ日本　Ⓟインド

コクがあるまろやかな口あたりでなめらかなミルクティーに仕上がります。ガネッシュでは春、夏、秋で、正規紅茶オークションの最も優れた新茶を提供しています。

ティーズリンアン

アッサム ジャイプール茶園 (100g)

Ⓑ日本　Ⓟインド

非常に香りが高く軽めのコク。ストレートティーはもちろん、濃いめに淹れてミルクティーにすると真価を発揮します。

フォション

ダージリンティー(125g)

Ⓑフランス　Ⓟインド

渋みが少ないのにしっかりとした味わい。ダージリン特有のマスカットフレーバーと、透き通るような水色が心地良く感じられます。

ドゥルーリー

アッサム(125g)

Ⓑイギリス　Ⓟインド

甘いすみれのような香りを持つドゥルーリーのアッサム。濃く淹れてミルクティー、軽めに淹れてストレートティーと、お好みに合わせてどうぞ。

TEA ROOM

ダージリンクラブ ティーサロン

調度品で彩られた店内は、インドのお城のよう。お姫様気分でゆったりした時間を過ごせます。ダージリンをはじめとしたインド産の紅茶のほか、3種類のチャイもたっぷりしたポットサービスなのが嬉しい。希望した紅茶を何種類も味比べできるテイスティングセットも好評です。

京都府京都市中京区麩屋町通り二条下る尾張町231 KFSビル1F
☎075-231-1536
営／11：00～18：00　休／日・祝日（予約の場合を除く）
紅茶メニューの数／12種類

昼夜の気温差が育む

スリランカ産の紅茶

昼夜の温度差が大きい土地で栽培されるスリランカ産は、高地で作られたものほど高級とされています。厳しい直射日光と霧の多発で茶葉に個性が生まれ、ウバ、ディンブラなど、品質の高いものに仕上がります。

ディンブラ

フレッシュティー ディンブラ（100g）

Ⓑ日本　Ⓟスリランカ

　ディンブラ地区でも名高い工場長が製茶しています。明るい水色とバラのような香り、爽やかさとまろやかなコクで、ストレートティーやミルクティーに最適です。

ホテルオークラ

スペシャルティー セイロン（110g）

Ⓑ日本　Ⓟスリランカ

　ミルクティーにぴったりのフローラルでフレッシュな紅茶。日本を代表する一流ホテルのオリジナルティーを家庭で優雅に楽しんで。

ブルックボンド

ホテル&レストランブレンド リーフティーセイロン（130g）

Ⓑイギリス　Ⓟスリランカ

　リッチで華やかな香りと、渋みとコクのバランスの取れた味わい。どんな飲み方にも合うオールマイティータイプです。

ミントン
ウバセイロン(80g)

Ⓑイギリス　Ⓟスリランカ

ウバのなかでも、クオリティーシーズンの茶葉を厳選。パンチの効いた香りと紅色の水色が特徴です。「朝、ベッドの中で飲みたい」、そんな贅沢にぴったり。

ロイヤルコペンハーゲン
ウバ(57g)

Ⓑデンマーク　Ⓟスリランカ

8月のベストシーズンに手摘みするウバ。独特な高い芳香とコクのある味わい、そして明るく濃いルビー色の水色が特徴です。

ル・コルドン・ブルー
4種の赤い果実(125g)

Ⓑフランス　Ⓟスリランカ

チェリー、ストロベリー、ラズベリー、レッドカラント(赤すぐり)の香りを着けたフレーバードティー。甘い香りが漂います。

TEA ROOM
ブルックボンドハウス ティールーム

1Fがティールームとショップで、常時30種以上揃えている量り売り茶葉全てをティールームで味わえます。アフタヌーンティーセットや、紅茶とスコーンのクリームティーセットがおすすめ。スペシャリストが淹れる香り高い紅茶で、くつろぎの時間を過ごせます。2Fでは紅茶を楽しく学べる紅茶教室も開催しています。

東京都中央区銀座1-3-1　☎03-3535-1105
営／11：30〜20：00（月〜土）11：30〜18：30（日・祝日）
休／無

お茶のふるさと

中国産の紅茶

茶樹の原産地と同時に紅茶の発祥地でもある中国。ラプサンスーチョンに代表される薫製茶は、独特の芳香が楽しめます。また、タンニンが少なく、アイスティーに適しているのも中国産茶葉の特徴です。

ディンブラ

正山小種 桐木(100g)

Ⓑ日本 Ⓟ中国

17世紀半ば、中国福建省の桐木《とんむ》で江一族によって初めて作られた紅茶の元祖。江氏から入手したその幻のラプサンスーチョンです。

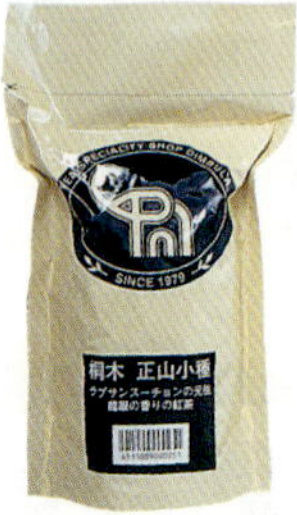

トワイニング

リーフカートン レディグレイ(85g)

Ⓑイギリス Ⓟ中国

アールグレイにオレンジとレモンの皮、矢車菊の花を加えた爽やかな香り。すっきりとした味わいは、ストレートティーやアイスティーで花開きます。

マリアージュ フレール

モンターニュ ドール(100g)

Ⓑフランス Ⓟ中国

中国伝統の花茶にタイの果物の香りを着けた夜向きのフレーバードティー。ベースが緑茶の「モンターニュ ドゥ ジェイド」もあります。

ウィッタード
キーマン(125g)

Ⓑイギリス　Ⓟ中国

安徽《あんき》省産のキーマンを使い、かぐわしい蘭の香りと甘い風味、ほど良いコクを秘めています。5分ほど蒸らしたほうがおいしくいただけます。

ティーズリンアン
ラプサンスーチョン 龍眼香(40g)

Ⓑ日本　Ⓟ中国

中国の果物、龍眼の優しい香りがするラプサンスーチョン。この紅茶は中国国内用で、日本にはごく少量しか輸入されていない貴重品。

ロイヤルドルトン
アールグレイ(145g)

Ⓑイギリス　Ⓟ中国

中国では、手作業による古典製法で作られる、品質の良い紅茶は「工夫《こんぐう》」と呼ばれます。上質の工夫を使い、天然ベルガモットの爽やかな香りを活かしました。

TEA ROOM
紅茶専門店 ティーズリンアン

店主の堀田さん自ら茶園に寝泊まり、紅茶の一部始終を実際に見て厳選した紅茶が約30種。ずらりと並ぶ金色のティーキャディが印象的で、クラシカルな店内はカウンター、テーブル合わせて27席。また、インターネットのホームページが充実。メールマガジンの発行も行なっています。

愛知県尾張旭市庄中町鳥居1820
☎0561-53-8403　FAX0561-53-8405
営／11：57〜20：03　休／火・祝日
紅茶メニューの数／約30種（入荷状況によって増減）
ホームページ／http://Liyn-an.com/

まだある茶葉生産地

その他の産地の紅茶

茶葉の生産地にはインド、スリランカ、中国のほかにもジャワやスマトラで知られるインドネシア、アフリカのケニアなどがあります。また、日本でも紅茶の生産が行なわれています。

相川製茶舗

うれしの紅茶(80g)

Ⓑ日本　Ⓟ日本

地元・佐賀だけでなく県外にもファンを持つ相川製茶舗の嬉野茶。緑茶のやぶきた品種を使用した、爽やかな香りと優しい味はぜひストレートで。

ル・パレデテ

マリニン(100g)

Ⓑフランス　Ⓟケニア

アフリカ諸国の中で最も良質な茶葉を生産しているケニアは世界第4位の生産国です。豊かな香りとコク、濃い褐色のマリニンには、ミルクティーがおすすめ。

狭山茶 吉野園

さやま紅茶 琥珀の茗(60g)

Ⓑ日本　Ⓟ日本

埼玉県産緑茶を使った、まろやかでやわらかな口あたりです。後味にほんのりとした甘みが残ることから、ダイエットにも最適と人気があります。

西製茶所
出雲国産特選紅茶(80g)

Ⓑ日本　Ⓟ日本

人間の自然治癒力や、生命力を引き出すようなお茶作りにこだわる西製茶所。出雲地方の緑茶品種で作られる紅茶は、苦味と渋みが少ないやわらかな味わい。

葉桐
藤永紅茶FOP(50g)

Ⓑ日本　Ⓟ日本

静岡・天竜川上流で無農薬栽培される紅茶。力強い味わいで、砂糖なしでも自然の甘みが楽しめます。高い香りが特徴的。

ル・パレデテ
ジャワ・マラバー(100g)

Ⓑフランス　Ⓟインドネシア

世界第5位の茶葉生産地、インドネシアで生まれる紅茶。明るいオレンジ色と渋みが特徴で、朝や午後のティータイムにぴったりです。

TEA ROOM
喫茶室 茶太郎

緑茶も飲めるティールームの人気は、もちろん相川製茶舗のうれしの紅茶。カップ&ソーサーは店内に展示してあるものから選ぶことができます。スカーフ、バッグ、ランチョンマットなど、手染めのグッズが揃う「茶染工房 茶倉」も併設。

〒843-03 佐賀県藤津郡嬉野町大字下宿甲4002-1
☎0954-42-1756　FAX 0954-42-2637
営／9：00～19：00　休／無（1月1日のみ）

ティータイムで飲み分ける

イギリスブランドの紅茶

紅茶文化の国イギリスにはどれを選ぶか迷ってしまうほどたくさんの紅茶があります。朝はミルクティー、ランチには優しい味のもの、眠る前には上品な香りのもの…と、イギリス風に飲み分けてはいかが。

ジャクソン

レディロンドンデリーミックスチャー(125g)

Ⓑイギリス　Ⓟインド、スリランカ、中国

アールグレイの生みの親として有名なジャクソン。20世紀初め、北アイルランド・ロンドンデリーの公爵婦人のために作られたといわれる紅茶です。

ブルックボンド

クイックブルウ ティーバッグ(2.1g×30)

Ⓑイギリス　Ⓟインド、ケニア

19世紀後半、ブルックボンドの配送車「リトル・レッドバン」は紅茶の代名詞でした。日本の製品は、日本の軟水に合わせてブレンドされています。

フォートナム・メイソン

ロイヤルブレンド(125g)

Ⓑイギリス　Ⓟインド、スリランカ

1707年に食料品店として創業したフォートナム・メイソンは、ヴィクトリア女王時代には王室御用達になりました。コクのある味わいと香りで、ミルクティー向きの紅茶です。

ウェッジウッド

ウェッジウッド オリジナル(125g)

Ⓑイギリス　Ⓟインド、ケニア

1759年に創業されたイギリスの名窯、ウェッジウッドのもうひとつの自信作が紅茶。アッサムとケニアを合わせた強い個性は、ミルクとの相性抜群です。

ドゥルーリー

アールグレイ(125g)

Ⓑイギリス　Ⓟ中国

ロンドンの老舗製茶メーカー、ドゥルーリー。時間と手間を掛けて丁寧に製茶されます。100%天然のベルガモットで着香したアールグレイ。

ミントン

ダージリン(80g)

Ⓑイギリス　Ⓟインド

世界で愛されるミントンの陶磁器。代表作「ハドンホール」をパッケージに施した紅茶です。ダージリン特有の若々しい香りはぜひストレートで。

TEA ROOM

チャッツワース

1900年代初頭のイギリス家具を用いたトラディショナルな店内では、シャンデリアが優しい光を放ちます。ドゥルーリー紅茶のほか、アフタヌーンティーに欠かせないスコーン、マフィン、ケーキなどのほか、夏にはイギリスの代表的なお菓子のひとつ、サマープディングが食べられます。

兵庫県加古川市加古川町篠原町4-7 八木ビル2F
☎0794-20-1707　営／9：00～20：00　休／火（祝日は営業）
紅茶メニューの数／40種類以上
ホームページhttp://homepage1.nifty.com/mall/chats/index.htm

気品ある優雅な香り

フランスブランドの紅茶

フランスブランドにはフレーバードティーが多く、優雅でシックなデザインが多いのも特徴。香り高い紅茶を飲みたい時や、オリジナリティ溢れた香りを楽しみたい時におすすめです。

ル・パレデテ

ビッグベン(100g)

Ⓑフランス　Ⓟインド、中国

紅茶専門家や愛好家らが集まって創業したル・パレデテ。ビッグベンはやわらかさに若干の渋みが調和した飲みやすい紅茶です。

マリアージュ フレール

ウェディング(100g)

Ⓑフランス　Ⓟスリランカ

創業以来フランス流の紅茶芸術の真髄を紹介してきたマリアージュフレールでは、常に世界32か国のお茶を揃えています。この紅茶はミルクでもストレートでも合う、清楚でしなやかな味わい。

ラ・トゥール・ダルジャン

ダージリンティー(125g)

Ⓑフランス　Ⓟインド

気品ある香りと味わいで、味の芸術として讃えられるラ・トゥール・ダルジャンの紅茶。香り高いFOPを使った、ダージリンの高級品です。

ル・コルドン・ブルー

アールグレイ(125g)

Ⓑフランス　Ⓟスリランカ、中国

1895年に創立された、フランスが誇る料理学校ル・コルドン・ブルー。深みのある味とふくらみのある香りに充ちた紅茶です。

ダロワイヨ・ジャポン

ダロワイヨブレンド(125g)

Ⓑフランス　Ⓟインド、スリランカ、中国

パリの高級食料品店の老舗、ダロワイヨ。ダロワイヨブレンドは、柑橘類の香り高く高級感が漂います。

ドゥ・マゴ

ブレックファスト(120g)

Ⓑフランス　Ⓟインド、スリランカ

強い香りとコクを持ち、目覚めのひとときに最適。パリで活躍した芸術家たちが足繁く通ったカフェ、ドゥ・マゴの紅茶は、洗練された芸術と文化の香り。

TEA ROOM

マリアージュ フレール 銀座本店 サロン・ド・テ

パリを彷彿とさせるティールーム。450種揃えているお茶の全てと、紅茶を使った料理やデザートが楽しめます。B1F、2F、3Fと合わせて118席。ショップ、お茶の博物館、多目的サロンが併設されていて、紅茶の世界にたっぷり浸れます。

東京都中央区銀座5-6-6 すずらん通り
マリアージュ フレール ビル
☎03-3572-1854
営／12：30〜19：30　休／無
紅茶メニューの数／450種

世界各地の味わいを

その他の国のブランド紅茶

紅茶のブランドは今や、世界各国に存在しています。どんな町で、どんな人がブレンドしているのか、あれこれイメージをふくらませながら味わうのも楽しいものです。

ガネッシュ

新茶の紅茶 ダージリンリーフティー(60g)

Ⓑ日本　Ⓟインド

花のような繊細な香りと味わいで、心まで魅了する紅茶です。淡い水色をした春摘みの一番茶で、ダージリンの逸品。仙台のブランドです。

日東紅茶

こく味のある紅茶(150g)

Ⓑ日本　Ⓟインド、スリランカ

日本を代表する紅茶ブランド、日東紅茶。日本人好みの味で広く人気を得ています。その名の通り、コクのある豊かな味わいが特徴です。

ロウレイズ

カップリーフティー フォーストレート(3g×20)

Ⓑ日本　Ⓟインド、スリランカ、中国

ストレートティー向けの茶葉を5種類セレクト。一袋に1杯分の茶葉が小分けになっているので長期保存にも便利。日本のブランドらしい心使いです。

ティーブティック

ブルーレディー(50g)

Ⓑドイツ　Ⓟスリランカ

ローズ、マリーゴールド、うすべにあおいの花びらと最高級のリーフをブレンドした紅茶。今、世界中の紅茶が集まるドイツの都市、ブレーメン生まれです。

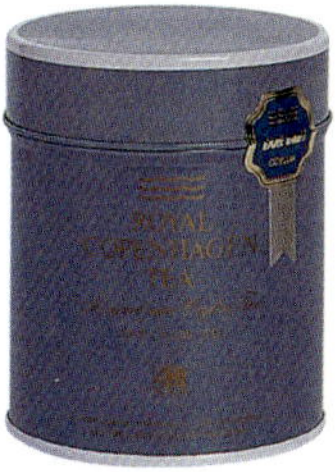

ロイヤルコペンハーゲン

アールグレー(57g)

Ⓑデンマーク　Ⓟスリランカ

アールグレイ好きな人には特におすすめ。濃い琥珀色の水色で、独特のスモーキーフレーバーがあります。アイスティーにもどうぞ。

千疋屋

オリジナルブレンドポム(110g)

Ⓑ日本　Ⓟスリランカ

果物の老舗として有名な京橋千疋屋。1881年に東京・京橋で創業されて以来、最高級の果物とその加工品を提供しています。この紅茶も千疋屋ならではのフレーバードティーで、セイロン紅茶にりんごの着香。

TEA ROOM

ガネッシュ・ティールーム 定禅寺通店

杜の都・仙台を象徴するけやき並木の中央に位置しています。大きな窓から眺める並木道は絶景で、木の葉を通して射し込む光に包まれた空間は日常を忘れさせてくれそう。「紅茶をいっぱい楽しんで」という気持ちから、お水代わりに出てくる薄く淹れた紅茶が、紅茶ファンにはたまらない。

宮城県仙台市青葉区国分町3-3-3 第3菊水ビル2F
☎022-263-2467　営／11：00〜20：00　休／無(年末年始のみ)
紅茶メニューの数／約20種

歴史と伝統を今に伝える
老舗ブランドの紅茶

やはり押さえておきたいのは老舗ブランドの紅茶。その深い味わいは、長い時間が培ったブランドの試行錯誤の賜物です。歴史背景を考えながらいただけば、いつもとひと味違ってきます。

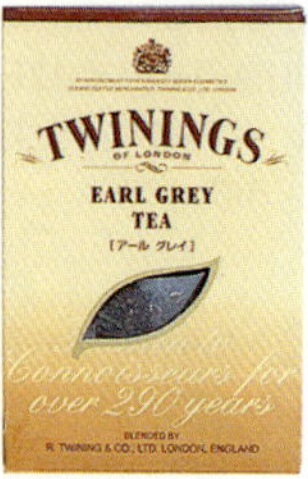

トワイニング

リーフカートン アールグレイ（85g）

Ⓑイギリス　Ⓟインド、中国

1706年創業と、イギリス紅茶商のなかで最も古い歴史を持つトワイニング。この紅茶は、口に含むとベルガモットの香りが溶け出す、穏やかな味わいです。

メルローズ

ポースリンジャー エディンバラガーデン 鳥（110g）

Ⓑスコットランド　Ⓟインド

1812年、スコットランドのエディンバラで創業された紅茶専門店。1837年にはイギリス王室御用達にも任命されています。この紅茶は芳醇なマスカットフレーバーと淡い水色の最高級ダージリンです。

マリアージュ フレール

マルコ ポーロ（100g）

Ⓑフランス　Ⓟ中国

1854年創業のフランス最古のお茶専門店。人気のマルコ ポーロは、中国とチベットの花と果物をあしらったもの。このほか、450種以上の世界のお茶を扱っています。

テトレー

ロイヤルロンドン(50g)

Bイギリス　Pインド

1829年創業のテトレー。イギリスで初めてティーバッグを紹介したブランドとして知られています。

ジャクソン

アールグレー(125g)

Bイギリス　P中国

ジャクソンが紅茶に欠かせないブランドとなったのは1830年。グレイ伯爵（p60参照）が愛飲した紅茶をジャクソンが再現して「アールグレー」が誕生しました。

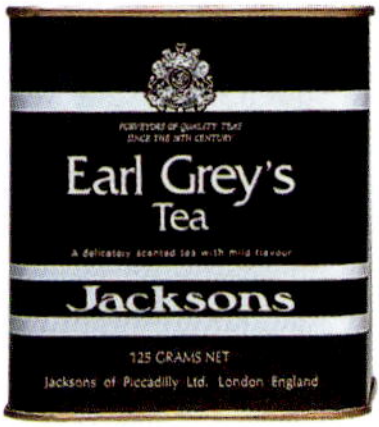

ハロッズ

ハロッズティーNo.14 (125g)

Bイギリス

Pインド、スリランカ、ケニア

食料品店として1849年に創業された、世界で最も有名な百貨店のひとつ、ハロッズ。紅茶は「魔法のようにおいしい」と評されています。

TEA ROOM

ハロッズ ティーサロン

明るく、落ち着いた雰囲気の店内ではホットティー7種類、アイスティー6種類が楽しめます。ポットサービスされる紅茶にスコーンがついたアフタヌーンティーセットがおすすめ。優雅なイギリス式アフタヌーンティーが楽しめます。

愛知県名古屋市中区栄3-5-1 名古屋三越栄本店 地下1F 食品内
☎052-252-1111（代表）　営／10：00～19：30
休／火（不定休）　紅茶メニューの数／13種

プレゼントにも最適

きれいなパッケージ

パッケージデザインが素敵だと、それだけで嬉しくなってしまいます。コレクションしたり、プレゼントにもぴったり。ここで紹介するのは、もちろん味わいもしっかりしたものばかりです。

ピーターラビット™

アッサム(50g)

Ⓑイギリス　Ⓟインド

おなじみのピーターラビットがティータイムに登場。イギリス流の紅茶を家族で親しむために生まれたブランド、ピーターラビットティーです。

カレルチャペック紅茶店

ノーブルモーニング(80g)

Ⓑ日本　Ⓟインド、中国

ハチがトレードマークのカレルチャペック紅茶店。デザインはティーアクセサリーも全て、オーナーの山田詩子さんによるものです。

メルローズ

ポースリンジャー ベンガルポピー(40g)

Ⓑスコットランド　Ⓟインド

美しいデザインの壷に入ったポースリンジャーシリーズ。この紅茶は、ダージリンの極上品だけをブレンドした、メルローズ伝統の逸品です。

ロウレイズ
ハンプトンコートティー アッサム(75g)

Ⓑ日本　Ⓟインド

保存用にも最適な陶器製キャニスター入り。イギリス・ハンプトンコートでの、貴族の優雅なアフタヌーンティーの様子がデザインされています。

ウィッタード
ケニア(125g)

Ⓑイギリス　Ⓟケニア

茶葉によって異なるパッケージで、ケニアは男性客ばかりのティールームが描かれた渋めのデザイン。味の方も男性的で力強さを感じます。

ハロッズ
エキゾチックフルーツティー アップル(125g)

Ⓑイギリス

Ⓟインド、スリランカ、中国、ケニア

華やかななかにも、老舗のハロッズらしい落ち着いたパッケージデザイン。りんごの果肉が入った、甘い香りが漂う紅茶です。

TEA ROOM
アンヌマリー キャピタル

パンとケーキのおいしいカフェベーカリー。メルローズ紅茶がリーズナブルに味わえるお店で、ホットティーがダージリン、アイスティーはセイロンティーを使用しています。おすすめはケーキセット。特にモンブランは絶品で、隣の工場からできたてが運ばれて来ます。スタッフの対応も気持ちが良い。

東京都文京区本駒込6-1-9　☎03-3944-0727
営／8：30〜19：00（月〜土）8：30〜18：00（日・祝）休／無

1杯飲んでリフレッシュ

元気になりたい！

かつては薬として飲まれていたお茶。紅茶にも老化予防や抗菌作用などの働きがあります。また、食欲増進にも効果があるので、「元気がないな」という時、紅茶を飲んでリフレッシュしましょう。

カレルチャペック紅茶店

グリーンウォーター（80g）

Ⓑ日本　Ⓟスリランカ

気分が引き締まるような洋梨とペパーミントのフレーバードティー。ソフトでフルーティーな味わいで、ファンが多いのもうなずけます。

日東紅茶

フレバリーティー シナモン（2.2g×10）

Ⓑ日本　Ⓟインド、スリランカ

甘く刺激的なシナモンの香りと、スリランカ産、インド産茶葉の爽やかな風味。濃く淹れてミルクを加えたシナモンミルクティーもおすすめ。

ル・コルドン・ブルー

カシス（125g）

Ⓑフランス　Ⓟインド、スリランカ、中国

スリランカ産、インド産、中国産の紅茶にカシスの香りを着けたフレーバードティー。すきっとした香りで、やる気がみなぎってきそうです。

リプトン

サートーマスリプトン
ファイネストアールグレイ(120g)

Ⓑイギリス　Ⓟスリランカ、中国

大きめの茶葉だけを厳選使用し、柑橘系の香りと果皮、矢車草をブレンド。ストレートティー、またはオレンジスライスを添えてすっきりと。

ウィッタード

スパイスインペリアル
(125g)

Ⓑイギリス　Ⓟ中国

クローブ、バニラ、オレンジピール、サフランをブレンドしたエキゾチックな紅茶。スパイシーな味わいは、アイスティーにしてもおいしい。

GHフォードティー

ペパーミント(2.2g×10)

Ⓑアメリカ　Ⓟ中国

中国茶をベースに、ペパーミントをブレンドしたフレーバードティー。すっきりとした香りが、気分をリフレッシュさせてくれます。

ティージュ

ハーブ&アッサム
ペパーミントアッサム(3g×10)

Ⓑ日本　Ⓟインド

アッサムに清涼感のあるミントを加えたブレンドティー。クールな味と香りはアイスティーにもぴったり。甘いものと合わせて、元気100倍!

ホッとひと息

リラックスしたい

紅茶に含まれるカフェインは眠気覚ましの効果で知られていますが、適量なら疲れを癒す働きもあります。落ち着く香りのものならその効果も倍増。味と香りをゆっくり楽しんで。

葉桐

リラックスブレンド（50g）

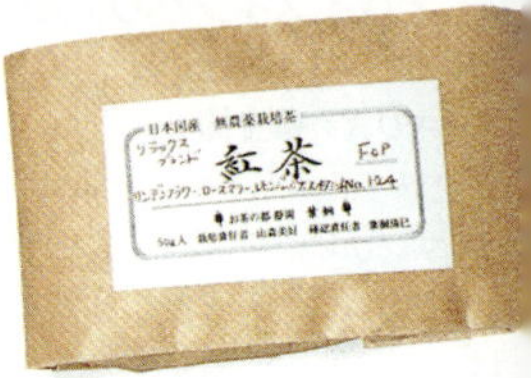

Ⓑ日本　Ⓟ日本

山森紅茶FOP（p102参照）にリラックス効果のあるハーブをブレンド。ゆったりした気分に浸れます。

ティーブティック

スイートサクラティー ミニパック紅茶（20g）

Ⓑドイツ　Ⓟスリランカ

紅茶に、日本の花といわれる桜の花の天然エキスと葉をブレンドしたフレーバードティーです。花吹雪の下にいるような気分になります。

サーウィンストン

ワイルドフルーツティー（1.5g×20）

Ⓑイギリス　Ⓟスリランカ

フレッシュなベリー類のフレーバードティー。甘い香りに包まれて思わず眠くなりそう。ホットでもアイスでも楽しめます。

ティーブティック

カモミール(50g)

Ⓑドイツ　Ⓟスリランカ

りんごに似た香りがほのかに漂う、カモミールの花を加えたブレンドティー。ミルクティーでもおいしい。

ティージュ

カップ用ティーバッグ アールグレイ(2.5g×10)

Ⓑ日本　Ⓟインド

中国種茶葉に着香することが多いアールグレイですが、インド・ドアーズ地方の茶葉を使用。控えめにした香料で、穏やかな気分に。

ウェッジウッド

ワイルドストロベリー ファインストロベリー(100g)

Ⓑイギリス　Ⓟスリランカ、中国

ワイルドストロベリー風味の紅茶。ナチュラルでフレッシュな香りは、ストレートティーやミルクティーでゆっくり味わって。

GHフォードティー

デカフェ・オレンジペコー(2.2g×10)

Ⓑアメリカ　Ⓟスリランカ

品質をキープしつつカフェインを100%取り除いた、ノンカフェインの紅茶。眠る前や小さな子供も安心して飲めます。

わたしだけの味

オリジナルブレンドに挑戦！

リーフティーキャニスター ロイヤルダージリン、ネームホルダー（以上、ロウレイズティーショップ）

いろんな紅茶を楽しんだら、今度は自分だけの紅茶が欲しくはありませんか？ 茶葉を用意して、オリジナルブレンドに挑戦してみましょう。「味・香り・水色」が揃った最高の逸品ができたら、オリジナルブレンドでティーパーティ！

1 茶葉の個性を知る

紅茶には「香り・コク・まろやかさ」の三つの個性があります。自分の好きな紅茶はどの個性が強いのか、どんな傾向のものが好みなのかを知るために、いろいろな茶葉で試してみましょう。

オリジナルブレンドを作る上で茶葉の個性を知るのは一番大切なこと。紅茶好きな仲間とテイスティングパーティをするのも手です。新鮮な茶葉で飲み比べると個性を見つけやすくなります。

紅茶の個性	茶葉
香りの強いもの	ウバ・ダージリン・キーマン
コクのあるもの	キャンディ・アッサム
まろやかなもの	ディンブラ・ニルギリ
フレーバー系	ローズ・ジャスミン・ライチ・ココナツ・キャラメル・チョコレート など

2 飲み方を決める

オリジナルブレンドはストレートで飲みますか？ それともミルクティーで？ これは「三つの個性」のなかでも、特に重要な香りとコクのどちらを重視するかということです。ストレートティーで飲むなら香りを、ミルクティーが好きならコクを重視という、大まかな傾向があります。このように飲み方で、基になる茶葉を決めましょう。

3 茶葉を選ぶ

基になる茶葉を決めたら、ブレンドする茶葉を1種類選びます。数種類使うこともできますが、初めのうちは2種類でブレンドするのが無難でしょう。花や果物の香りがするものを選ぶ場合は、基になる茶葉と同じ原産国のものが適しています。

また、茶葉は同じグレード(p14参照)のものを。グレードが違うと混ざり合わない上、抽出時間が違うのでおいしさを充分に引き出せません。BOPとCTCのブレンドはOKです。

4 ブレンドする

いよいよ混ぜ合わせます。専用のブレンダーが市販されていますが、小さなボウルなどで混ぜても良いでしょう。合わせる茶葉はグラム数、または何対何かの比率をメモしておきます。

ホームブレンディング ティーブレンダー フラワー(ロウレイズティーショップ)

5 試飲する

でき上がったら試飲です。味と香りに重視したポイントが出ているか、水色は好みかなどをチェック。初めに飲み方を決めましたが、できたものは別の飲み方が合うこともあります。ミルクを入れて、砂糖を入れて…といろいろ試してみましょう。

個性がぶつかり合っている場合は「まろやかなもの」のカテゴリーにある茶葉で調整します。ここに入っているのは、個性同士の中和剤となる、誰からも愛されるタイプの茶葉です。味、香り、色などを調えたらオリジナルブレンドのでき上がりです。

紅茶のお勉強

豊かなティータイムを過ごすために役立つことをいろいろ紹介してきました。もっと紅茶の世界に浸りたいという人には、各種講座に通うのもオススメ！　初心者でも親しめるものからプロユースのものまで、自分のスタイルに合わせてチャレンジしてみましょう。

紅茶教室

初心者★もOK

基本的な紅茶の種類からイギリスの文化や歴史、マナーなど、アフタヌーンティー・パーティを楽しみながら体験実習できる1回2時間全12回のコース。このほかに、紅茶とケーキつきの1Dayコースなどもある。

問合先●レスパスド　アンジュ（名古屋）☎052-571-3805

コーヒー&ティーアドバイザー呼称資格認定講習会

初心者★もOK

紅茶や中国茶、コーヒーの「基礎知識」「精神と身体にもたらす効果」「提供法と応用」などの内容が、一日の講習会で学べる。さまざまな実演とテイスティングも行なわれ、東京で講習会（ビデオ受講可）、試験は全国複数会場で開催。

問合先●日本レストランディレクトゥール協会事務局（東京）
☎03-3912-2194　http://www.club-fbo.net/adrj/

伝統紅茶文化専門家資格認定講座

レベル★アップ

「茶の始まり」「中国茶からインド茶へ」「英国伝統紅茶とは」「伝統紅茶の正しい入れ方、飲み方」などの内容が学べるスクーリング。受講回数が選べ、さらに試験の点数によって資格が5ランクに分けられている。

問合先●伝統紅茶文化協会（東京）☎03-3408-0212
http://www.jpnet.jp/tea/npotop.html

趣味の紅茶教室

紅茶メーカー主催のスクーリングで「英国紅茶の歴史と文化」「世界のいろいろな紅茶とテイスティング」「おいしいいれ方の基本とバリエーション」などを学べる。ほかに、ティーコーディネーター認定のシニアコース(4回講座)と一日集中講座もある。

問合先●ブルックボンドハウス（東京）☎03-3535-1105
http://www.nipponlever.com/bh_top.html

ティーインストラクター養成研修

「歴史・文化」「ティーテイスティング」「バリエーション」「ティーパーティーの開き方」など、全40単位のスクーリングを一年間で学べる。3種類のレベルがあり、このほか2日間コースの紅茶特別研修会もある。

問合先●日本紅茶協会　☎03-3431-6509（東京）
☎06-6311-7780（大阪）　http://www.tea-a.gr.jp/

紅茶コーディネーター養成講座

約6か月で修了する通信講座で、紅茶研究家の磯淵猛氏が主任講師。紅茶に合ったお菓子や料理の作り方、テーブルコーディネートも学べる。紅茶輸入や紅茶専門店開業など、プロとして活躍できるノウハウも身につく。

問合先●日本創芸学院（東京）☎03-3465-3226
http://happy-semi.com/tea/

ティーブレイク⑦ Tea Break

ティーパーティのエチケット

実際にティーパーティに招待されたら、最低限のマナーを守って楽しいひとときにしましょう。

パーティが始まって、紅茶が注がれても自分の好みでアレンジしてはいけません。紅茶はホストが厳選したものですから、飲み方を変えるのは失礼になります。おかわりする時は、カップを空にしてからにするのも大切です。ケーキスタンドが運ばれて来た場合は、下のお皿から順番に食べます。この時、お菓子を紅茶に浸すのはマナー違反になるので気をつけましょう。

自分がもてなす立場になった時にも、快適な空間を演出するためのエチケットがあります。

時間はアフタヌーンティーに合わせて、午後2時ぐらいからにするのが無難です。ハイティーにする場合は、お菓子や料理を多めに準備しておきます。まず、紅茶は2〜3種類あれば充分ですが、料理との相性を考えて選ぶようにします。この時ゲストに好みの濃さを聞いておくことも忘れずに。また、手作り料理も一品は用意したいものです。

いずれにしても気遣いをもって素敵なパーティを過ごしましょう。

行ってみよう！

紅茶紀行

茶葉産地での茶摘み体験から
本場のアフタヌーンティーまで
紅茶を訪ねて世界各国へ！

ようこそ紅茶の国へ

イギリス

紅茶をこよなく愛し、世界の紅茶文化をリードしてきた国だけに、その逸話も目白押し。ここでは歴史の香りと、本場のティータイムを味わえる厳選スポットをご紹介。

紅茶を学ぼう— Bramah Tea & Coffee Museum❶

紅茶好きならまず訪れたいのが、タワーブリッジのすぐそばにあるブラマー・ティー&コーヒー博物館。

ティーテイスター、ティーブレンダーとしても活躍するイギリス紅茶界の権威者、エドワード・ブラマー氏によるこの博物館には、紅茶&コーヒーグッズが約2000点展示されており、紅茶について学べるセミナーもあります。見学のあとは併設のティールームで休憩を。

紅茶のニュースタイル— t-bar❷

ロンドンのベイカー・ストリートに1998年にオープンしたティー・バーは、今や日本でもおなじみの、ウィッタードの紅茶が飲めるお店。アフタヌーンティーとはひと味違ったスタイルで、紅茶の時間を楽しめる空間です。

❶Bramah Tea & Coffee Museum
❷t-bar
❸The Cutty Sark
❹Newens

ロンドン市内&近郊

ティー・バーの地下にはこんな贅沢なくつろぎスペースが

もっと早く、もっとおいしく

— The Cutty Sark❸

ロンドンから列車で20〜30分。グリニッジに展示されているカティ・サーク号は、中国から新茶を運ぶティークリッパー(お茶の運搬船)として大活躍していました。

現在ではそれが永久保存され、船全体が展示館となっています。館内では、海図や船首なども見ることができます。

❶020-7403-5650
40 Southwark Street
London
London Bridge 駅
❷020-7224-1165
72 Baker Street London
Baker Street 駅
❸020-8858-6169
Cutty Sark 駅
Greenwich 駅
❹0181-940-2752
288 Kew Road,
Kew Gardens, Surrey
Kew Gardens 駅

写真／UNIPHOTO PRESS

伝統のお菓子でティータイムを— Newens❹

ロンドンから列車で約1時間の王立植物園キューガーデン。その隣りに、チーズの香りが芳ばしい「メイズ・オブ・オナー」というパイを最初に売り出した店、ニューエンズがあります。これは、もともとエリザベス1世のために作り出されたお菓子。

このパイとスコーンが紅茶とセットになったメニューも手頃な値段で気軽に楽しめます。

サクッとした歯触りがたまらないメイズ・オブ・オナー

入り口正面に掲げられる「Original Maids of Honour」の文字

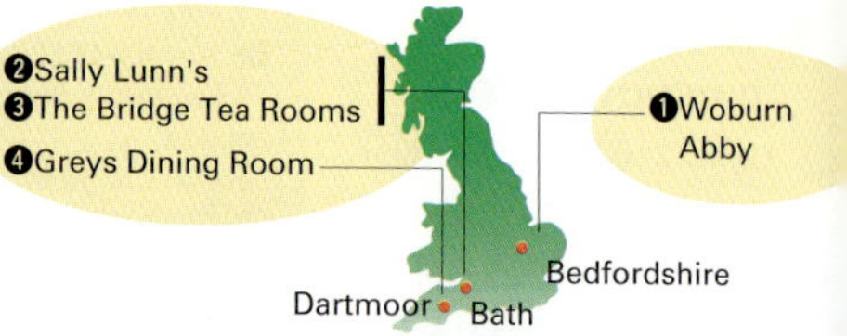

アフタヌーンティー誕生の部屋— Woburn Abby❶

ロンドンから北西に約70キロのウォーバンアビーは、ベッドフォード公爵夫人アンナ・マリアが住んでいた館。当時はディナーの時間が遅く、ランチとディナーの合間の空腹を満たすためにサンドイッチ、ケーキ、スコーンなどを食べるようになったのがアフタヌーンティーの始まりです。

午後2～5時頃、親しい人を招き、紅茶やお菓子をつまみながら、楽しいおしゃべりに興じる習慣がここから広がっていきました。

1995年から一般公開され
現在は13代目が住んでいる
写真／UNIPHOTO PRESS

オリジナルブレッドで紅茶を— Sally Lunn's❷

1482年にできたバース最古の建物として知られるサリーランズは、店と同じ名前のパンが有名。1680年のオープン以来、オリジナルの味を守り続け、観光客や地元の人たちの舌を満足させています。

ブリオッシュに似た、ほのかな甘みのSally Lunn'sに、たっぷりクリームをつけてEat & enjoy !!

地下は、オープン当時のキッチンを再現した博物館兼売店

ヴィクトリア時代にタイム・トリップ
— The Bridge Tea Rooms❸

1998年にイギリス紅茶協会のトップ・ティー・プレイス賞に輝いたブリッジ・ティールームは、バースの南東10キロほどのところにあります。

1675年に建築された建物と、白いフリルのエプロンドレスに身を包んだウェイトレスの姿に、ヴィクトリア王朝時代の面影を見ることができます。お菓子は大きくておいしいと大評判。アフタヌーンティーやクリームティーもお手頃です。

ボリュームたっぷりのクリームティー

本場のクロテッドクリームとともに— Greys Dining Room❹

グレイ・ダイニングルームは、南西イングランドのデヴォン州、ジョージアン様式の町並みが美しいところにあります。

このティールームでいただくスコーンに添えられるクロテッドクリームは、別名をデボンシャー・クリームといい、ジャージー種の乳牛のミルクから作られる脂肪分の多いクリーム。2000年以上前から作られている、この地域の名産です。

1996年にはトップ・ティー・プレイス賞を受賞しています。

❶01525-290666
Woburn Bedfordshire
Bletchley 駅
❷01225-461634
4 North Parade Passage, Bath
Bath Spa 駅
❸01225-865537
24A Bridge Street Bradford-on-Avon
Bradford-on-Avon 駅
❹01803-866369
96 High Street Totnes
Totnes 駅

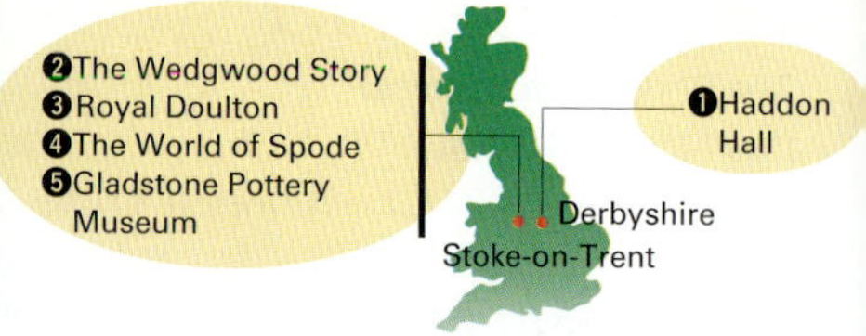

中世の古城とハドンホール — Haddon Hall❶

ミントン社のベストセラーシリーズ“ハドンホール”柄は、イギリス中部ダービーシャーにあるハドンホール城に飾られているタペストリーをヒントにデザインされたもの。

ピンクを基調とした独創的なデザインの起源をぜひ自分の目で確かめてみましょう。

オリジナルチャイナ作りに挑戦 — The Wedgwood Story❷

ストーク・オン・トレントはイギリス陶磁器のふるさと。何十もの窯元が点在して、見学や買い物を楽しめます。

ウェッジウッド・ストーリーでは、貴重な作品の数々や、ウェッジウッド社の歴史を紹介した展示も充実。陶磁器作りや絵つけの体験もでき、置き物やテーブルウェアなどが並ぶ売店もあります。

ヘッドフォンガイドで各自のペースで見学できる

ストーク・オン・トレントにある旧駅舎のレストランの前庭では、陶磁器を手に佇む、イギリス陶工の父ジョサイア・ウェッジウッドの像が建てられています。

英国最大の陶磁器メーカー
— Royal Doulton❸

ロイヤルドルトンでは、テーブルウェア以外にも陶花、人形、置き物などの名品の展示や製造工程を見学することができます。

レストランの食事は、もちろんファインボーンチャイナでサーブ。アフタヌーンティーやハイティーでは、ロイヤルドルトンの紅茶を楽しめます。ビデオ上映やバーゲン食器コーナーもあり。

ボーンチャイナ誕生の窯元
— The World of Spode❹

銅版を使った模様の転写や、ボーンチャイナを製品化したことで知られるスポード。B&Bやティールームなどでもお目にかかれる青と白のコントラストが美しい「ブルー・ルーム・コレクション」が有名です。

ビデオなどの上映、製造実演のガイドツアー、アウトレット・ショップなども楽しめます。

❶01629-812855
Bakewell Derbyshire
❷01782-204218
Barlaston, stork-on-Trent
❸01782-292434
Nile Street, Burslem,
Stoke-on-Trent
❹01782-744011
Church street,
Stork-on-Trent
❺01782-319232
Uttoxeter Road, Longton,
Stoke-on-Trent

※ストーク・オン・トレントまではロンドンのユーストン駅からインターシティで約2時間。駅に着いたらインフォメーションでマップをもらってバスか車で出かけよう。

陶磁器の伝統を学ぶ—Gladstone Pottery Museum❺

ヴィクトリア王朝時代の陶磁器工場を再現したグラッドストーン・ポッタリー・ミュージアム。陶磁器のふるさとストーク・オン・トレントにおける伝統的な職人の技を見ることができます。

陶磁器作りの体験コーナー、ギフトショップやレストランもあり。

写真／UNIPHOTO PRESS

伝統の技を間近で

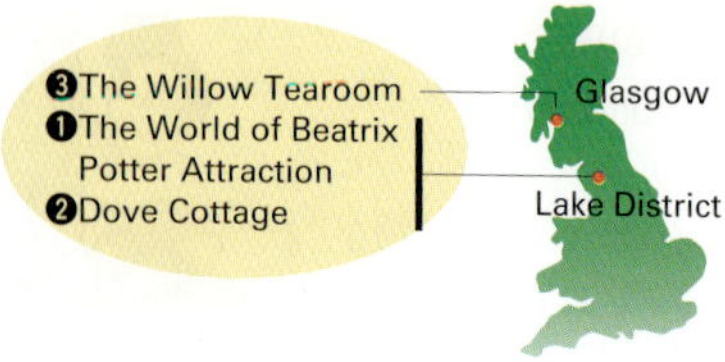

ピーターラビットの故郷へ

— The World of Beatrix Potter Attraction❶

ロンドンのユーストン駅からインターシティで約3時間。さらに湖水線で20分ほど行ったところに湖水地方の中心地があります。

この辺り一帯は、茶器でもおなじみのピーターラビットが誕生したところ。ビアトリクス・ポターの世界館では、ピーターの生みの親、ポターの生涯や作品を堪能できます。もちろんウェッジウッドの陶器や紅茶なども購入可。

紅茶好きの詩人が暮らした町へ—Dove Cottage❷

ウィンダーミアからバスで40分のグラスミアの地には、紅茶をこよなく愛した詩人ワーズワースの住んだ家、ダヴ・コテージがあります。この家で生活をともにした妹ドロシーの日記からも、彼の紅茶好きを伺い知ることができます。

ここには彼が愛用していた茶器などが展示され、隣は博物館になっています。

ワーズワースと妹ドロシーが静かに眠る墓（上）と、ダヴ・コテージ（下）

看板やメニューにもマッキントッシュ・デザインの文字が使われている

❶015394-88444
Bowness-on-Windermere, Cumbria
❷015394-35544
Town End Grasmere, Ambleside, Cumbria
❸0141-332-0521
217 Sauchiehall Street
Glasgow
Glasgow Central 駅
Glasgow Queen Street 駅

グラスゴーの観光名所

—The Willow Tearoom❸

湖水地方からインターシティーで北へさらに2時間。スコットランドのデザイン基地グラスゴーに店を構えるウィロー・ティールームは、イギリス・アールヌーヴォーの代表的な建築家、マッキントッシュがデザインしたところ。彼が手掛けたティールームの中で、現存する唯一のティールームです。女性実業家キャサリン・クランストンの依頼で、1904年に上流階級の女性のために造られました。

……トップ・ティー・プレイス賞とは……

紅茶に関する市場調査や、紅茶が健康に与える影響についての研究などを行なっているイギリス紅茶協会(The Tea council's)によって『全英No.1』と認められたティールームに贈られるのがトップ・ティー・プレイス賞(Top Tea Place of The Year)です。トップ・ティー・プレイス賞に続くエクセレント賞は、毎年約10店に贈られます。

審査項目は紅茶自体の良し悪しだけでなく、そのサービス内容や店の雰囲気など多岐に渡るものです。それらが総合的に評価されて初めて賞が決定します。

茶葉の生まれるところへ

スリランカ

スリランカは、インドと並ぶ茶葉の名産地。緑のじゅうたんを敷きつめたような茶畑の風景や、産地ならではのおいしい&リーズナブルな紅茶に巡り合えます。

紅茶が欲しい人はここへ — Sri Lanka Tea Board❶

首都コロンボにあるスリランカ紅茶局は、政府の機関です。バイヤーが紅茶を買うための認可を出したり、セイロンティーの品質を維持するための紅茶の抜き打ち検査や、外国から輸入される紅茶のチェックなどを行ないます。

スリランカ紅茶産業の調整役を担う

ショールーム兼ショップになっていて、たくさんの種類の紅茶を販売しています。

スリランカを紅茶の産地にした男

— James Taylor Museum❷

コロンボからインターシティー・エクスプレスで約2時間半。古都キャンディにあるジェームス・テーラー・ミュージアムは、セイロン紅茶の父J・テーラーの資料を展示した小さな博物館です。

もともとコーヒープランテーションを行なっていたテーラーは、スリランカ最大のペラデーニヤ植物園からアッサム種の種子を持ち帰り、1867年に紅茶

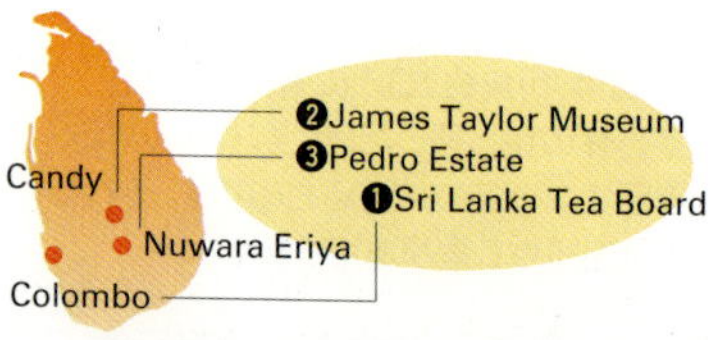

の栽培を開始。1873年には、ロンドンのオークションにかけられるまでになりました。

博物館内部。表には彼が初めて作った茶園もある

彼の功績がきっかけとなって、それまでコーヒー栽培が盛んだったスリランカは、害虫による被害で全滅したコーヒーの代わりに、お茶を植えるようになりました。

できたての紅茶を飲みたい! — Pedro Estate❸

ヌワラエリヤにあるペドロ茶園は、タウンから車でカンダポラ方面へ5分ほどのところにあります。50ルピー（約70円）で製茶工場の見学ができ、頼めば茶摘みの体験もさせてくれます。

見学のあとは、茶園が広がる絶景のポイントにあるティーセンターで、できたての紅茶を飲んだり、買ったりすることができます。ヌワラエリヤは、キャンディーからバスで2時間ほどです。

茶園と製茶工場

ホテルの内部では、製茶工場時代の送風機が今でも動いている

ヌワラエリヤには製茶工場を改装して作られたホテル（ザ・ティー・ファクトリー・ホテル☎052-23600）もあります。

❶058-23600
574 Galle Road, Colombo 3
Kollupitiya 駅
❷Loolecondra Estate,
Deltota
❸052-22016
Nuwara Eriya

お茶大国・ニッポン横断

日本

紅茶の歴史は浅けれど、わが日本にも、紅茶を学び、楽しめるところがあるのです。ワンランク上のティータイムを過ごすために、まずは国内探索。

❹ダイアナガーデン
那須クイーンズ美術館
❶英国伝統紅茶博物館
❷マリアージュフレール
お茶の博物館
❸入間市博物館

イギリス紅茶の歴史を物語る博物館

— 英国伝統紅茶博物館❶

1996年6月にオープンした紅茶の博物館。1階のティールームでは、有機栽培の茶葉を正しいオーソドックス製法で作った紅茶や、エクルス、ダンディケーキといった、イギリスの伝統的なケーキを楽しめます。2階では、珍しい茶器や紅茶の資料を展示。

ヴィクトリア王朝時代の伝統紅茶を飲めるティールーム

フランス流紅茶芸術の世界へ

— マリアージュ フレール お茶の博物館❷

マリアージュ フレールの博物館には、かつて遥かな国々で貿易していたことを証す、稀少品が展示されています。ティールームは2F、3Fと博物館にも。1Fではお茶の量り売りや茶器を販売。展示品のいくつかは復刻されていて、購入も可能です。

珍しい茶器やお茶缶などが並ぶ

狭山でお茶の歴史を辿る — 入間市博物館❸

狭山茶の産地として知られる入間市にあるこの博物館では、茶器の陳列や喫茶風景などを再現して、世界のお茶文化を紹介。

お茶と人との関わりがひと目で分かる常設展示（写真提供／入間市博物館）

お茶の伝播や文化に関わりの深い中国や日本、イギリスなどのお茶事情を学べます。最寄りの入間市駅からは、市内循環バスか博物館行きのバスで約20分。

ヴィクトリア王朝時代の庭園と陶磁器を
— ダイアナガーデン
那須クイーンズ美術館❹

ここは、19世紀ヴィクトリア王朝時代の英国陶磁器の美術館で、ロイヤルドルトンの銘器が展示されています。

ショップでは、ロイヤルドルトンのテーブルウェアをはじめ、紅茶やお菓子、イギリス生まれのキャラクターグッズなどが購入できます。

❶03-3408-4012
東京都港区南青山1-11-25
青山一丁目駅
❷03-3572-1854
東京都中央区銀座5-6-6
（すずらん通り）
銀座駅
❸042-934-7711
埼玉県入間市大字二本木100
入間市駅
❹0287-62-8820
栃木県那須郡那須町高久乙3392
那須塩原駅、黒磯駅
那須湯本行バスで白沢橋停留所

イングリッシュガーデンを眺めながら優雅なティータイムを

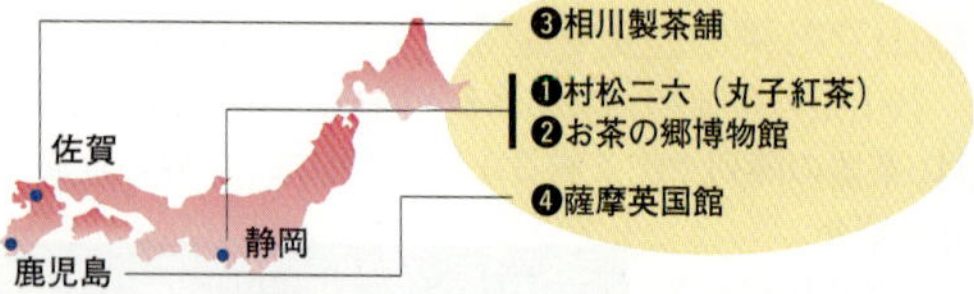

国産紅茶発祥の地でオリジナル紅茶作り

― 村松二六（丸子紅茶）①

紅茶製造の研究で、日本人で初めてインドに派遣された多田元吉が持ち帰った紅茶が、静岡の丸子（マリコ）に植えられたことで本格的な国産の紅茶生産がスタート。

その国産紅茶発祥の地で、元吉の遺志を受け継ぎ紅茶作りに励むのが、丸子紅茶ひとすじの村松二六さん。毎年5月には、茶摘みから乾燥まで2日がかりで完成させる紅茶作りの体験ができます。

丸子紅茶で作ったキャンディーも販売

お茶どころ静岡でお茶を学ぶ― お茶の郷博物館②

世界各国から集められたお茶や珍しい茶器の展示、茶の試飲、世界有数のお茶の消費国トルコの喫茶風景を再現した空間などが楽しめる博物館です。

10人以上集まれば、おいしい紅茶を淹れるための紅茶教室も体験できます（完全予約制）。茶寮かたくりでは、アフタヌーンティーも提供しています。（土・日・祝のみ）

館内に展示されているトルコのティートレイ（右）と紅茶用の湯沸かしサモワール（左）。砂糖を多めに入れて飲むのがトルコ流

嬉野で生まれた「和」の紅茶

― 相川製茶舗❸

うれしの紅茶を作っている相川源太郎さん

お茶と温泉と陶磁器の町、嬉野の地でさまざまな種類のお茶作りを手がける相川製茶舗。うれしの茶葉を発酵させて作った“うれしの紅茶”は喫茶室・茶太郎で味わえます。

毎年6月末頃なら紅茶製造中の工場見学も可能。稼動中でなくても、いつでも工場を案内してくれます（要事前連絡）。

薩摩とイギリスが出会うところ ― 薩摩英国館❹

1862年の生麦事件、1864年の薩英戦争という悲劇的な事件を乗り越えて、薩摩とイギリスの交流が始まりました。そんな歴史を学べるのが、ここ薩摩英国館です。

80種類に及ぶイギリス直輸入の紅茶や、ミントをブレンドしたミンティーのほか、オリジナルブレンドティー、ピーターラビットグッズなどを販売しています。

ティールームではフィンガーサンドイッチ、スコーン、ケーキ、お菓子、紅茶がセットになったアフタヌーンティーが楽しめる

❶054-259-3798
静岡県静岡市丸子
静岡ICより車で約20分
❷0547-46-5588
静岡県榛原郡金谷町金谷
3053-2
相良牧之原ICより車で10分
❸0954-42-1756
佐賀県藤津郡嬉野町下宿甲
4002-1
武勇温泉駅よりバス
嬉野ICより車で5分
❹0993-83-3963
鹿児島県川辺郡知覧町郡
13746-4
鹿児島市から約34キロ

ティーブレイク⑧ Tea Break

ティーバッグの始まり

手軽に淹れられる紅茶としてティーバッグは普及していますが、その誕生にはさまざまな説があり詳細は分かっていません。最も有力なのは、20世紀の初めに、アメリカの紅茶商人が茶葉を整理するために使っていた絹の小袋を、そのままティーポットに入れた、という説だといわれています。

その後、袋入りのままでも紅茶の成分をうまく抽出させるために、試行錯誤が繰り返されました。そのなかで絹の袋はガーゼに代わり、形も巾着型になっていったのです。そして、水に浸しても破れない、優れた抽出性能を持つ紙の開発によって、現在のような形になりました。また、同時に、茶葉の改良も行なわれました。当初はリーフティーを使っていましたが、抽出性を重視して茶葉を細かくカットしたのです。最近では、Crush（押しつぶす）、Tear（引き裂く）、Curl（丸める）の頭文字を取ったCTC製法という新しい作り方も登場し、抽出時間の短縮が可能になりました。

こうして完成したティーバッグは、西欧中心だった紅茶史のなかで、異端の経緯をたどったといえます。

紅茶のブランド

おいしい紅茶を追求し続けるブランド。
そのバックグラウンドにあるこだわりを
探ってみましょう。

Aikawa Tea Plantation

相川製茶舗

嬉野茶の特長を活かした新しい「和」テイストの紅茶

佐賀県嬉野で100年以上の歴史を持つ日本茶の老舗。スリランカに似た気候で作られる紅茶は、日本各地にファンを持つ緑茶・嬉野茶を完全発酵させたもので、4代目の相川源太郎さんにより1990年から作られている。

嬉野茶の特長である優しい味わいと爽やかな風味をそのまま活かした、和テイストの新しい味。クセがなく、すっといただける。

茶園および製茶工場は毎年6月末から見学が可能（事前に電話連絡を☎0954-42-1756）。

これがオススメ うれしの紅茶（リーフ、ティーバッグ）
ここで買える 佐賀県西松浦郡嬉野町内有名旅館など
ここで飲める 喫茶室・茶太郎（佐賀県・p115参照）

Whittard of Chelsea

ウィッタード

厳選した茶葉を こだわりの手詰めで

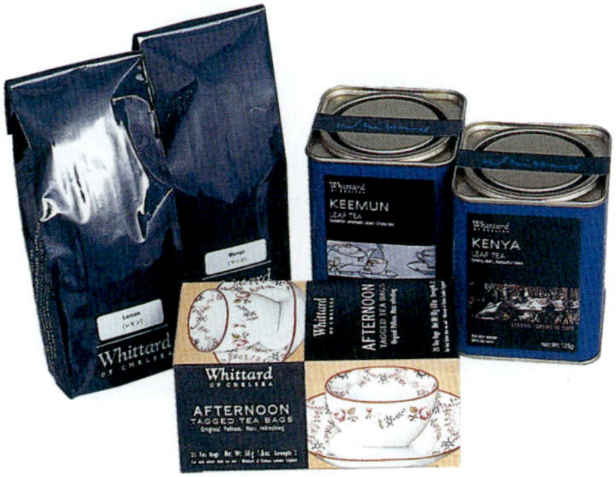

1886年、ロンドンのフリート・ストリートで創業されたウィッタードは、現在イギリス国内に100のショップを持つ老舗ブランドで、モットーは「最高品質の入手」。六つの茶園からその年に最も優れた茶葉を厳選し、品質保持のために手作業で茶を詰める伝統を、今でも守り続けている。

イギリスの伝統的なお菓子をイメージしたキャラメル風味のスティッキー・トフィーや、甘酸っぱいベリーの香りが爽やかなサマー・プディングなど、イギリスブランドならではの品揃えがうれしい。

種類ごとに異なるイラストをあしらったパッケージは、コレクションにしても楽しい。

これがオススメ ダージリン、ケニヤ、イングリッシュローズ
ここで買える 伊勢丹、東武、松屋ほか有名百貨店
ここで飲める ウィッタードカフェ（新宿伊勢丹）

Wedgwood

ウェッジウッド

イギリスの紅茶を知り尽くした陶磁器メーカーの自信作

1759年、「イギリス陶工の父」ジョサイア・ウェッジウッドがわずか29歳の若さで創立したのが陶磁器メーカーウェッジウッド。彼の作り出したクリーム・ウェアと呼ばれる半透明なクリーム色の陶器は、イギリスの紅茶文化に大きな影響を与えた。

そのウェッジウッドのもうひとつの自信作が、1991年に発売を開始したウェッジウッド紅茶。イギリス直輸入の気品のある香りと味わいは、伝統に育まれた陶磁器を通して紅茶の楽しみを見守ってきたウェッジウッドならではのもの。

これがオススメ ウェッジウッド オリジナル、ファインストロベリー、イングリッシュ ブレックファスト

ここで買える 全国有名百貨店

ここで飲める ウェッジウッド・ティールーム（ヒルトン大阪、南海サウスタワー大阪、福屋広島・p105参照）

Jacksons

ジャクソン

「香りにおいて並ぶものなき中国の絶品」アールグレイティーの元祖

1830年、イギリス使節が中国から持ち帰ったベルガモットの香り豊かな芳香茶がグレイ伯爵に献上された。その紅茶はのちにジャクソン社によって再現された際、この芳香茶をこよなく愛し、同社の共同経営者でもあったグレイ伯爵にちなんで「アールグレイ・ティー」と名づけられた。

イギリス王室をはじめ、デンマークやオランダ、スウェーデンの王室からも用命されるようになったジャクソン社。アールグレーには、今でも本家本元の伝統が息づいている。

これがオススメ アールグレー、エキストラダージリン、レディロンドンデリーミックスチャー

ここで買える 紀伊国屋（青山／国立／吉祥寺／鎌倉／青葉台）、ソニープラザ（ルミネ新宿／横浜）、新宿伊勢丹、ワールドインポート（東京）、ワールドインポートマート（池袋サンシャインシティ）

Sembikiya

千疋屋

果物屋さんが作る
自慢のフルーツフレーバードティー

1881年、のれん分けにより京橋で創業した老舗の果物屋。最高級の果物をいかにおいしく提供できるかを追求し続け、宮内庁御用達の名誉も賜ってきた。

吟味したインド、スリランカなどの茶葉を使い、千疋屋オリジナルの味をフレーバードティーの本場フランスでブレンドしている。

りんごや桃、木いちごなどの甘い香りをミックスしたフルーツ・フレーバードティーは、果物屋ならではの上質かつ爽やかな味わい。

これがオススメ オリジナルブレンド（ポム、ペーシュ、フランボワーズ）

ここで買える 京橋千疋屋（京橋／東京駅名店街／丸ビル／原宿／新宿小田急／アトレ恵比寿／藤沢小田急）

ここで飲める 上記店舗併設のフルーツパーラー

Dalloyau

ダロワイヨ

グルメの国フランスで著名人の舌をうならせる

歴史と伝統を誇るフランス菓子と高級惣菜の老舗ダロワイヨがパリにオープンしたのは、華やかなナポレオン皇帝時代の1802年。以来、フランスを代表する食料品店として、その地位を保ち続けてきた。

今日ではフランス大統領官邸をはじめ、美食の国フランスならではのこだわりを持つ各界著名人のレセプション料理や洋生菓子の用命を承る店として、高い評価を受けている。

天然のオレンジとレモンの香りが漂うダロワイヨのオリジナルティーは、ぜひとも味わいたい逸品。

これがオススメ ダロワイヨブレンド、アールグレー、ダージリン

ここで買える ダロワイヨ（銀座／自由が丘）、三越（日本橋／吉祥寺／横浜）

ここで飲める 上記店舗併設のサロン（横浜店を除く）

Dimbula

ディンブラ

太陽と雨の恵みたっぷり スリランカの新鮮な紅茶

紅茶研究家でエッセイストの磯淵猛氏が、太陽と雨の恵みを受けて豊かに育つスリランカ紅茶を味わってもらおうと、1979年に創業したディンブラ。指定茶園から4か月に一度の割合で届く摘みたての紅茶は、新鮮な甘さと自然な香りが特徴。

店名にもなっているディンブラは、海抜6000フィートの高地で作られ、バラの香気と豊かなコクがある。

これがオススメ フレッシュティーディンブラ、正山小種 桐木、フレッシュティーヌワラエリア

ここで買える 明治屋（関東／仙台／大阪／京都／神戸／博多）、日本橋高島屋、紀伊国屋（青山／鎌倉）ほか

ここで飲める 紅茶専門店ディンブラ（神奈川県・p103参照）、紅茶専門店ハーヴェスト（北海道函館）、マザーリーフ（東京都東銀座／下北沢／光が丘／神奈川県藤沢）、遊なかにし（茨城県つくば）、ママズティー（埼玉県草加）、リュバン（徳島）ほか

Les Deux Magots

ドゥ・マゴ

芸術と文化の香りが漂う パリテイストの紅茶

1885年、パリのサンジェルマン・デ・プレの中心にオープンしたカフェ・ドゥ・マゴ。以来100年以上にわたり、パリを代表する最も有名で伝統のあるカフェのひとつとして多くの人に親しまれている。

創立当時から、ピカソ、サルトル、ヘミングウェイといった錚々たる文化人たちが足しげく通っていたことでも有名。パリのカフェとしては唯一、文学賞を設けている店としても知られる。

ドゥ・マゴのダージリンは、指定の農園の手摘み一番茶を使用した贅沢な味わいが魅力。

これがオススメ ダージリン、アフタヌーンティー、ブレックファスト

ここで買える ドゥ・マゴ・ショップ（東急百貨店本店）ほか

ここで飲める ドゥ・マゴ・パリ（東京都渋谷）

Drury

ドゥルーリー

茶葉の選定から品質管理まで
上質な紅茶作りにかける情熱

イギリス紅茶の伝統的な品質と味を今に伝えるロンドンの老舗製茶メーカー。オークションで購入した良質な茶葉を、優秀なテイスターが手間をかけてブレンドし、味にこだわった紅茶作りに取り組む。

厳しい条件のもとで管理された紅茶は、品質を保つため、月2回ほどに分けて空輸され、日本であっても、本国の味をそのまま楽しむことができる。

これがオススメ アールグレイ、セイロン・ウバ、アッサム

ここで買える 日本橋三越、西武（池袋／所沢／札幌ほか）、ザ・ガーデン（自由が丘／荻窪ほか）、博多大丸、ヒルサイドパントリー（代官山）、タイムレス・コンフォート（町田ルミネ／伊予鉄そごう／生駒近鉄ほか）

ここで飲める アップタウンカフェ（神奈川県青葉台）、チャッツワース（兵庫県加古川・p117参照）、ミュゼ浜口陽三（東京都日本橋）

Twinings

トワイニング

世界最古の歴史を誇る老舗ブランド

トワイニング紅茶の歴史は、トーマス・トワイニングが1706年にロンドンのストランド通りにオープンさせた「トムのコーヒーハウス」に始まる。その後、隣に開いた紅茶専門店「ゴールデンライオン」が、瞬く間に人気を博し、やがてヴィクトリア女王や歴代の王室から御用達を任じられるようになった。

3世紀にわたり、同じ場所で創業者の直系によって引き継がれている。紅茶商としてはイギリスで最も古い歴史を持つ。

オリジナルのレディグレイは、アールグレイにオレンジやレモンのピールなどを加えた柑橘系の紅茶。

これがオススメ リーフカートン・レディグレイ、リーフカートン・アールグレイ、ファインビンテージダージリン

ここで買える 全国の量販店、有名百貨店など

ここで飲める ティーサロン・トワイニング（東京都青山／大阪府梅田）

Nishi

西製茶所

完全無農薬、無添加、無着色
生命力を引き出す紅茶作り

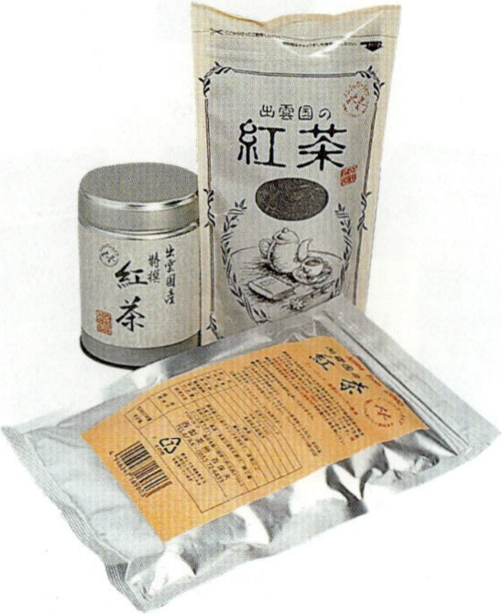

紅茶の輸入自由化により、市場からほとんど姿を消してしまった国産紅茶。西製茶所はその復活を目指し、1985年より紅茶作りを行なっている。

試行錯誤を繰り返した末の1988年、自然栽培した自園と出雲地方の契約茶園の緑茶専用茶葉を使った、苦味の少ないまろやかな紅茶を作り上げることに成功した。

現在は、より香り高い紅茶を作るため紅茶専用品種（アッサム系、ダージリン系）も植栽中。

これがオススメ 出雲国産紅茶、出雲国産特選紅茶

ここで買える 正直村（銀座／池袋／上野／横浜／高槻／名古屋）、ナチュラルハウス（青山／下北沢／弘前／松山ほか）

Nittoh

日東紅茶

プロフェッショナルなティーテイスターが選りすぐりの茶葉をきめ細かくブレンド

1927年に初の国産缶入り紅茶（三井紅茶）を発売したメーカーとして知られる三井農林は、長年の経験から得た確かな技術を基に、日本の紅茶文化を常にリードしてきた。1930年にブランド名を日東紅茶に改称し、1982年には紅茶としては世界で初めてのモンドセレクション金賞を受賞。世界においてもその名を広めている。

スリランカやインド、インドネシア、ケニアなどから毎月2000種ほど届く原茶のサンプルを鑑定。良質な茶葉だけを選び、ティーテイスターが丁寧にブレンドしている。

消費者の嗜好をキャッチし、常に新しいものを追い求めるプロフェッショナルな姿勢が、さらなるおいしさと確実な支持層を生み出している。

これがオススメ デイリークラブ、日東ティーハウス・ダージリンスプレンダー、渋みの少ない紅茶、こく味のある紅茶

ここで買える 全国の量販店など

Harrods

ハロッズ

名門百貨店の味わいを
毎日のティータイムに

世界で最も有名な百貨店といっても過言ではないハロッズ。紅茶商人ヘンリー・チャールズ・ハロッドにより、1849年に食料品店として創業。その後、イギリス王室御用達となったハロッズの紅茶は、当時「魔法のようにおいしい」と人々を感嘆させたという。

創立者の情熱を受け継ぐこの紅茶は、吟味された品質と由緒ある味わいが特徴。世界の一流茶園から特別に仕入れた茶葉をブレンドし、上質な味わいと香りを今も変わらず提供している。

これがオススメ ハロッズブレンドNo.14、ウバハイランド、ダージリンギュレSFTGFOP

ここで買える 三越（札幌／新宿／新潟ほか）、さいか屋（藤沢／横須賀）、松菱百貨店（浜松）、山陽百貨店（姫路）、一畑百貨店（松江）、鶴屋百貨店（熊本） ほか

ここで飲める ハロッズティーサロン（日本橋三越／池袋三越／名古屋三越・p123参照）

FAUCHON

フォション

こだわりの最高級品が世界をうならせる

フォションの歴史は、1886年、パリのマドレーヌ広場の小さな食品店から始まった。以来、「この店でしか手に入らない最高級のものだけを提供すること」をモットーに、紅茶をはじめとして、ジャムやワインなど1700種にもおよぶ美味の数々で、世界中のグルメたちを魅了している。

なかでも、フォションを代表するアップルティーは定番のヒット商品で「フォションでしか手に入らない一流品」といわれている。ストレートでりんごの甘酸っぱい香りを楽しみたい。

これがオススメ アップルティー、ダージリンティー、モーニングティー

ここで買える 高島屋（日本橋／玉川／新宿／横浜／高崎／大阪／堺／京都／名古屋／米子／岡山ほか）

ここで飲める フォションサロン・ド・テ（日本橋高島屋／自由が丘高島屋）

Fortnum & Mason

フォートナム・メイソン

王室御用達の長い歴史が生んだ老舗百貨店の味

ロンドンピカデリーに建つフォートナム・メイソンは、高級食料品を取り扱う専門店として、ウィリアム・フォートナムとヒュー・メイソンによって1707年に創業された世界的に有名な老舗。ヴィクトリア女王時代には王室御用達となり、およそ300年にわたって、上流階級の人々の御用を承っている。

ロイヤルブレンドをはじめとして、甘くコクのあるストロベリーティーなど、フルーツの香り豊かなフレーバードティーもおなじみ。日本では1971年に販売がスタートし、イギリスでブレンドされた紅茶がそのまま、食卓に届けられている。

これがオススメ ロイヤルブレンド、ワイルドストロベリー

ここで買える 全国の有名百貨店

ここで飲める ティーサロン・フォートナム・メイソン（千葉そごう、日本橋三越／福岡三越）

Brooke Bond

ブルックボンド

引き継がれるこだわり
良質な茶葉を正確に量り、手頃な価格で

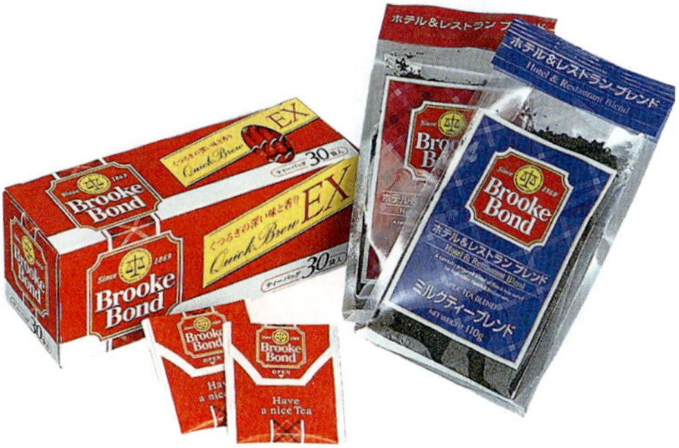

ブルックボンド社は、1869年、24歳のアーサー・ブルックが、イギリス・マンチェスターで創業した会社。当時は日によって品質も価格もまちまちだった紅茶をブレンドすることで、常に同一品質、同一価格を実現し、評判となった。

紅茶を配送していた真っ赤な荷馬車は、やがて「リトル・レッドバン」と呼ばれる車にとって代わり、どこよりも早く、新鮮な紅茶を届けてさらに信頼を高めた。

紅茶の世界では、世界で圧倒的なシェアを占めるブルックボンド社のトレードマークの秤は、創立当時からのモットーである「誠実さ」の象徴。日本では、日本の軟水に合わせてブレンドした紅茶を製品化している。

これがオススメ クイックブルウ、ホテル&レストランブレンド・ミルクティーブレンド

ここで買える 全国の量販店など

ここで飲める ブルックボンドハウス（東京都銀座・p111参照）

Mariage Frères

マリアージュ フレール

洗練されたフランス流紅茶芸術を 世界中のお茶愛好家に捧げる

フランス初のお茶の専門店マリアージュ フレールは、ルイ王朝の使節として東方に赴き、フランスの交易の基礎を築いたマリアージュ家によって創業された。

1854年にパリに本店を開き、良家や高級食料品店、格式のあるホテルなどにお茶を卸すようになり、以来、フランス流紅茶芸術の世界を紹介している。

32か国の茶園で摘まれ、厳選された茶葉、その数450種類以上を、店頭販売と通信販売によって提供するとともに、ティーポットや茶器、お茶まわりの小物など「お茶を淹れることの全て」を伝えている。

これがオススメ マハラジャ、サムライ、モンターニュ ドゥ ジェイド、マルコ ポーロ

ここで買える マリアージュ フレール（銀座本店、京都店、神戸店、大阪店）、プランタン銀座、新宿小田急ハルク、恵比寿三越、池袋西武、横浜そごう

ここで飲める マリアージュ フレール・サロン ド テ（銀座本店・p119参照、恵比寿三越）

Melrose's

メルローズ

伝統と誇りに磨かれた イギリスの気品漂う紅茶

1812年、スコットランドのエディンバラに、22歳のアンドリュー・メルローズが店をオープンしたのが始まり。1837年にはヴィクトリア女王により王室御用達に指定され、名実ともに第一級の紅茶として認められるようになった。

紅茶の入った陶器製の容器は、コレクターズアイテムとしても大好評。「ポースリンジャー」シリーズは花や鳥などをあしらった壷で、タータンチェック柄を施した「スコットランド・タータンチェック」とともに人気がある。

茶葉の香りが一番強いクオリティシーズンに摘まれた極上のダージリンをブレンドした「ベンガルポピー」は、メルローズ伝統の逸品。

これがオススメ ポースリンジャー・ベンガルポピー、スコットランドタータンチェック・ロイヤルミルクティー、セレクトリーフミニ・ダージリン

ここで買える 伊勢丹、東急、高島屋、小田急などの百貨店

ここで飲める アンヌマリーキャピタル（東京都・p125参照）、伊勢丹（新宿／松戸／浦和）、東急東横、町田小田急

Lipton

リプトン

紅茶王の自信作
世界的なベストセラー「イエローラベル」

食料品のリプトンチェーン店で大成功を収めたリプトンは、イギリス国内で紅茶が日常的に飲まれるようになりつつあったのを受け、1889年に紅茶の販売を始めた。

翌年にはスリランカに渡り、茶園を設立すると、茶摘みや運搬などを機械化し、衛生面の向上や品質の安定化を実現。帰国後は「茶園から直接ティーポットへ」のスローガンのもとに、安くて品質の高い紅茶を提供。「世界の紅茶王」と呼ばれるようになった。

日本へは1906年に日本初の銘柄紅茶として「イエローラベル（黄缶）」の輸入が開始され、以来、多くの人々に愛されている。

これがオススメ イエローラベルティーバッグ、サートーマスリプトン・ゴールデンダージリン、エクストラクオリティセイロン

ここで買える 全国の量販店など

ここで飲める リプトン（京都府三条）

Le Cordon Bleu

ル・コルドン・ブルー

世界で最も権威ある フランスの料理学校の紅茶を

ル・コルドン・ブルーは1895年に創立されたフランスが誇る料理学校。フランスで最古の伝統と格式を持ち、かつては名門の子女に料理やマナーを教えていた。パリ、ロンドン、東京をはじめ、世界各国で料理技術の指導にあたり、フランスの伝統的な食文化の大使、シンボルとして高い評価を受けている。

一世紀以上にわたって門外不出とされてきたル・コルドン・ブルーの紅茶レシピは、世界で初めて日本で披露。今では、深みのある味とふくらみのある香りをたたえたフランス伝統のフレーバードティーが、家庭で気軽に楽しめるようになった。

これがオススメ アールグレイ、4種の赤い果実、ダージリン

ここで買える 全国の有名百貨店

Le Palais des Thés

ル・パレデテ

お茶を味わう楽しみを分かち合いたい通が作ったこだわりの店

45人の紅茶専門家や愛好家らが集まってフランス・パリで創業したル・パレデテ。紅茶をはじめ、緑茶、白茶、黒茶、半発酵茶など、さまざまなお茶を扱う。

1987年創業の新進ブランドながら、世界各地から最高品質の茶葉を吟味し、厳選した170種が店頭に並んでいる。

選りすぐった自然のエッセンスやスパイスで香りを着けたり、花やフルーツのチップを加えたフレーバードティーは、全てル・パレデテのオリジナル。ココナツやチョコミントなど、思わず試してみたくなるような紅茶がずらり。紅茶と緑茶のブレンドなどの個性的な商品もある。

これがオススメ ビッグ・ベン、モンターニュブルー、チャイ、テ・デ・ロード、マーガレッツ・ポープ

ここで買える ル・パレデテ（吉祥寺／自由が丘）

Royal Doulton Tea

ロイヤルドルトン

ティータイムをトータルコーディネート 陶磁器の伝統ブランド

1815年の創業以来、陶磁器の逸品を作り続けるロイヤルドルトン。1901年にエドワード7世によって最初のイギリス王室御用達を賜って以来、ロイヤルの名を冠することを許された。イギリスの紅茶文化とともに歩んできたブランドといっても過言ではない。

その誇りに育まれたロイヤルドルトンの紅茶は、鮮度と香りに特に気を配った最高品質。世界各国の王室から特別注文を受けている。

日本での紅茶販売の歴史は1992年からと浅めながら、味、香り、雰囲気全てにおいてワンランク上のティータイムを演出してくれる。

これがオススメ ダージリン、オリジナルブレンド、アールグレイ、イングリッシュブレックファースト

ここで買える 全国の有名百貨店

ここで飲める ロイヤルドルトン・ティーガーデン（阪急神戸、福屋広島駅前）

Lawleys

ロウレイズ

トータルコーディネートと アイデアでゆとりの時間を演出

「ゆとりのあるティータイム」をコンセプトに、消費者のそれぞれの生活シーンに合った紅茶の楽しみ方を提案しているロウレイズ。茶葉は、原産地から直輸入したものを、日本人のテイスターが厳選し、ブレンドしている。

味わい豊かな紅茶から、お菓子、テーブルウェアに至るまで、ティータイムをトータルコーディネートできる同社の商品ラインナップは魅力。

そのほか、リーフを1カップ分ずつパッケージして数種類のアソートにしたり、オリジナルブレンドを作るためのティーブレンダーなど、アイデア満載のアイテムも揃う。

これがオススメ ハンプトンコートティー・アッサム、カップリーフティー・フォーストレート／フォーミルク、ティーレーデンティー・アフタヌーン

ここで買える ロウレイズティーショップ（広尾本店、吉祥寺三越店、港北東急店）

ティーブレイク⑨ Tea Break

尾崎紅葉の好んだ紅茶ミルク

日本にお茶が伝わったのは6世紀だといわれていますが、それは発酵させない緑茶として親しまれていました。実際に紅茶が飲まれるようになるのは、明治の中頃に入ってからのこと。洋行帰りの人々や、西洋好きな人たちの間で、ハイカラな飲み物として広まっていきました。

小説「金色夜叉」で知られる尾崎紅葉も、紅茶好きのひとりでした。そのことは晩年の日記に、紅茶に関する記述が頻繁に登場することからも分かります。日記には紅葉が好んで飲んでいた、「紅茶ミルク」と名づけられた飲み物の作り方も書かれています。それは「二合の牛乳に、煎じた紅茶と砂糖を加えたもの」とあり、ミルクティーというよりも、ロイヤルミルクティーに近いものだったようです。

国内で紅茶が市販されるようになるのは、1906年のリプトン紅茶の登場を待たなければなりません。それは、1903年に紅葉が亡くなってから三年も後のことでした。文化人であった紅葉には、市販される前に紅茶を入手できる特別なルートがあったのだといわれています。

味わい深い1杯のために

紅茶の来た道

紅茶はどんな経過をたどって世界で飲まれるようになったのでしょう。歴史を知ると、何気なく飲んでいた紅茶の味わいが、今までよりも深く感じられます。

お茶のすべては中国から

紅茶、ウーロン茶、緑茶など、世界各地で栽培されているお茶ですが、実は中国雲南省や四川省、チベットの高地などが原産地。お茶は中国から世界各地へと伝わっていきました。その呼び名が各国で似通っていることもここに起因します。それは広東語の「cha＝チャ」、あるいは福建語の「tay＝テー」が語源となって浸透したからです。広東語に近い呼び名の国は歴史的にお茶との関わりが深く、福建語の場合はインドネシア経由でお茶が広まった国だというのが特徴です。

茶の呼び名

広東 cha	インド-cha　チベット-ja　日本-cha ペルシャ-cha　トルコ-chay アラビア-chai　ロシア-chai
福建 tay	インドネシア-te　オランダ-thee イギリス-tea　フランス-the イタリア-te　ハンガリー-te フィンランド-te　スリランカ-thea

のちに、インドのアッサム地方でも自然育成した茶樹が発見されますが、それは19世紀になってからのこと。それまでは、ダージリンやウバといった産地茶はなく、お茶であれば中国産が主流でした。

緑茶時代

写真／UNIPHOTO PRESS

中国では古くから緑茶が飲まれていました。茶葉を発酵させない緑茶は、不老長寿の「霊薬」として扱われていたようです。

中国の伝説によると、紀元前2737年に農耕の神である炎帝神農《えんていしんのう》が、木陰でお湯を飲もうとしたところ、偶然風に吹かれた葉がお湯の中に舞い落ちました。葉が入ったことで、白湯に素晴らしい香りと味わいが加わり、炎帝神農は葉入りのお湯にすっかり魅了されたと伝えられています。その葉こそ、お茶の葉だったというわけです。

7〜9世紀の唐の時代になると、緑茶は王侯貴族だけに許される、特別なものとして飲まれていました。紅茶の原形ともいえる発酵茶が登場するのは、10〜13世紀の宋の時代になってからのこと。しかし、なぜ茶葉を発酵させるようになったのか、その詳細は謎に包まれたままになっています。この頃になると、お茶は当時の貿易路シルクロードを経て、アジア各地へと広がっていきました。

ヨーロッパ半発酵茶時代へ突入

ヨーロッパにお茶が伝わるようになったのは1610年、17世紀に入ってからのことです。中国やインドネシアとの東洋貿易に独占的な立場だったオランダによって、不発酵の緑茶が輸入されるようになり、喫茶の風習が広まっていきます。1650年代には、ようやくイギリスでもお茶の輸入が始まりますが、それはまだオランダを経由するものでした。それでもお茶は健康に良い飲み物として、イギリス市民の注目を集めるようになっていきます。

その後、1669年にイギリスはオランダからの輸入を禁止し、1689年には中国茶の直接輸入が開始。オランダを経由しなくなったことから、中国の福建省アモイでお茶が集められ、イギリス国内に流通するようになりました。

このことが紅茶を飲むようになる、イギリスの紅茶文化の発展に大きく関わっているといわれています。実は、このアモイに集められたお茶が、紅茶に似た半発酵茶の「ボヘアティー（武夷茶）」だったのです。その茶葉の色が黒かったことから「black tea」と呼ばれ、イギリス人の間で人気になりました。発酵させない緑茶から半発酵のお茶を飲むように変わり、それがヨーロッパの主流になっていったのです。

アッサム種の発見、紅茶の始まり

19世紀に入ると、紅茶の歴史は新たな展開を迎えます。1823年にイギリスの冒険家ロバート・ブルースが、インドのアッサム地方で自生の茶樹を発見したのです。それは現在のアッサム種のことで、中国種とは別種の茶樹であることが確認されました。続いて1845年には、同じくイギリス人のフォーチュンによって、緑茶と紅茶は製法が違うだけで、原料は同じ茶樹であることが解明されました。これらのことから、それまでの中国種と新しいアッサム種との交配が進み、当時イギリスの植民地であったインドやセイロンで紅茶の栽培が始まったのです。

アメリカのティー・パーティー事件

紅茶はアメリカに歴史的な変化をもたらしました。もともとアメリカにはオランダ人によって喫茶の習慣が持ち

1773年、植民地人が「お茶の党（tea party）」を結成。イギリス傭船を襲撃しました。

写真／UNIPHOTO PRESS

込まれていましたが、それはまだイギリスに伝わる前の話。意外にもイギリスよりもアメリカのほうが紅茶の歴史は古かったのです。

1765年になると、イギリスは巨大なお茶市場に成長したアメリカに印紙税法という税金を課します。植民地ではイギリス商品の不買運動などの反発が起き、結局、茶税だけを残す形になりますが、その反対運動はさらに広がっていきました。

そのなかで起きたのが、1773年のボストン・ティー・パーティー事件です。茶税に反対する植民地人が「お茶の党(tea party)」を結成し、ボストン港に停泊していた東インド会社の傭船を襲撃して、342個の茶箱を海に投げ捨てたのです。この事件がきっかけで、各港でも同様の事件が続き、のちの独立戦争へと繋がっていきました。

日本の紅茶

1927年に三井紅茶が発売開始。日本で市販された国産紅茶としては最初の商品でした。

日本にお茶が伝わったのは、6世紀だといわれています。当時の僧侶が中国からお茶の種子を持ち帰り、栽培が始まりました。その後、緑茶として親しまれ、茶道の文化が誕生していくことになります。

日本に紅茶が伝わるのは、明治時代に入ってからのことです。当時の政府は、国内での紅茶生産を思いつきましたが、中国やインドのような高品質なものを作ることができずに断念します。その後は、海外から輸入される高級品として上流階級に受け入れられました。1906年にリプトン紅茶の販売が開始、昭和に入ってからは三井紅茶(現・日東紅茶)が登場したことで、一般市民にも親しまれるようになりました。現在では、紅茶のほとんどが輸入されていますが、静岡県、熊本県などでは国産紅茶も作られています。

紅茶にまつわる Questions & Answers

Q.1 紅茶は体にいいって本当?

A 本当です。紅茶には、老化やガン、風邪の予防、解毒作用、疲労回復、利尿作用、消化促進、肥満防止、整腸作用、虫歯予防などの働きがあります。なかでも特に、増え過ぎると老化やガン・動脈硬化につながる「活性酸素」を抑える抗酸化作用、殺菌作用に優れています。

加えて、紅茶は体に良いだけでなく、リラクゼーション効果ももたらしてくれます。

Q.2 眠る前の紅茶は禁物?

A 同量の茶葉とコーヒー豆を比べた場合、カフェインの含有量は紅茶がコーヒーの約3倍ですが、紅茶は同じ量でもコーヒーの5倍以上抽出できます。結果、カップ1杯あたりのカフェインは、コーヒーのほうが多くなるのです。

つまり、カップ1杯程度なら、紅茶に含まれるカフェインは少ないので、眠りを妨げることはありません。逆に微量のカフェインには、リラクゼーション効果があるので、イギリスではナイトティーとしても飲まれています。

Q.3 紅茶を買うときのポイントは？

A 紅茶は農産物なので、できるだけ新鮮なものを買うことが重要です。そのためには、品揃えが豊富で、商品の回転が早く、少量単位で量り売りをしているお店を選ぶようにしましょう。保存期間のことを考えて、1人1か月100gを目安に少量ずつ買い足すようにします。また、茶葉はつやがあり、形や大きさが比較的揃っているものを選ぶのもポイントです。

Q.4 ファーストフラッシュって何？

A 紅茶には産地別に、1年のうちで茶葉の香りが豊かになる時期（クオリティシーズン）があります。

産地によっても異なりますが、その年の最初に摘まれた茶葉を使った紅茶を「ファーストフラッシュ」といいます。緑茶であれば新茶に相当するものです。また、二番目に摘まれた茶葉を使った「セカンドフラッシュ」もあり、種類によっては最高級にランクされます。

Q.5 フレーバードティーとハーブティー、その違いは？

A まず、紅茶の茶葉を使っているか、いないかが大きな違いです。フレーバードティーは、別名「着香茶」と呼ばれるように、紅茶に果物や花などの香りを着けたものです。一方のハーブティーは、植物の葉や実、花そのものを熱湯で抽出するものです。

Q.6 蒸らしすぎた紅茶はどうすればいい？

A 蒸らしすぎた紅茶でも、ミルクを多めに入れたり、好みの濃さになるまでお湯を加えれば、おいしく飲むことができます。

紅茶にさし湯は禁物と思うかもしれませんが、これは本場イギリスでもごくあたり前のこと。テーブルには、常時「ホットウォータージャグ」という専用のお湯さしが置かれ、好みの濃さに調節して楽しまれています。

Q.7 ティーポットを温めて使うわけは？

A 沸騰したてのお湯を、勢い良くティーポットに注ぐと、「ジャンピング」と呼ばれる、茶葉の上下運動が起こります。これは「ベーシックルール」（p22参照）でも触れたように、茶葉の魅力を充分に抽出させるために欠かせません。しかし、空気をたっぷり含んだ沸騰したてのお湯を注がないと、茶葉は動き回れないのです。

そんなデリケートな茶葉への配慮として、ティーポットの温度で熱湯が冷めないように、前もって温めておくというわけです。もちろん、ティーカップを温めておくこともお忘れなく。

Q.8 ハチミツは紅茶と相性が悪いって本当？

A 本当です。ハチミツを入れることで、紅茶の色は黒ずみ、香りも台なしになってしまいます。これは、ハチミツに含まれる鉄分が、紅茶の成分であるタンニンと結びついて起こる現象です。

ただし、アカシア100％の高級ハチミツか、鉄分を除いた調整ハチミツなら問題ありません。

Q.9 紅茶に入れる砂糖は何がいいの？

A クセがなく溶けやすいという理由から、紅茶にはグラニュー糖と、それを固めた角砂糖が良いとされています。

紅茶は砂糖をプラスしたほうがコクが出るといわれていますが、繊細な風味を損なわないものに限られています。実は、日本の砂糖消費量の約半分を占めている「上白糖」も、紅茶には不向きなのです。

Q.10 レモンを入れると、なぜ紅茶の色が薄くなるの？

A これは紅茶の色を決定している色素が、レモンの酸によって変質することで起きるといわれています。

水色だけでなく味や香りなど、紅茶本来の持ち味を損なわないように、レモンはさっとくぐらせる程度にしておきましょう。

Q.11 なぜアイスティーは濁りやすいの？

A アイスティーが濁る現象「クリームダウン」は、紅茶成分のタンニンが結晶化するために起こります。紅茶をゆっくり冷ましたり、タンニン含有量が多い茶葉を使うと濁りやすくなってしまうのです。このように緩やかな温度変化を防ぐためには、氷をたくさん入れたグラスに注ぎ、スプーンでひと混ぜして全体を一気に冷ましましょう。

　また、一気に冷やしたら、氷は取り除きます。こうすると薄まらず、淹れた時の味わいが保てます。

Q.12 アイスティーに向く紅茶は？

A タンニン含有量が少ない茶葉を使うと、クリームダウンが起きにくく、透明感あるアイスティーに仕上がります。口に含んだ時に、風味や旨みが感じられる茶葉を選ぶようにしましょう。

　おすすめの茶葉としては、セイロンティーのディンブラやキャンディー、中国のラプサンスーチョン、インドネシアのジャワが挙げられます。

　また、アイスティーは冷ますことで、香りが失われがちになるので、アールグレイなどのフレーバードティーもぜひ試してみてください。

Q.13 ティーバッグの生まれはどこ？

A 答えはアメリカです。

20世紀の初め、トマス・サリバンというアメリカの紅茶卸商は、見本用の茶葉を絹の小袋に入れて整理していました。それを彼の友人が、袋に入れたままティーポットに入れることを思いついたことから誕生したと考えられています。

その後、袋や茶葉などに改良が重ねられ、今日のティーバッグの原型が作られていったのも、アメリカの地でした。

Q.14 最初に紅茶を飲んだ日本人は？

A 1791年に伊勢の国（現在の三重県）の船主、大黒屋光太夫一行が、ロシアの女帝エカテリーナ2世に謁見した際、茶会で飲んだのが最初だといわれています。

光太夫の物語は、「おろしや国酔夢譚」という名前で小説や映画にもなった有名な史実ですが、紅茶を実際に飲んだかどうかは、推測の域を出ていません。

このことが誠しやかに語られるようになったのは、1983年に日本紅茶協会が、この11月1日を「紅茶の日」と定めてからのことです。

ロシアといえばロシアンティー。彼らが飲んだとすれば、ジャム入りだったのかもしれません。

紅茶用語辞典

あ

アッサム→p50

アフタヌーンティー

イギリスのティータイムのひとつで、午後2時から午後5時の間に行なわれる。サンドイッチやスコーンといった軽食とともに楽しむ。7代目ベッドフォード公爵夫人アンナが、晩餐までの空腹に耐えかねて午後5時頃に紅茶と軽食を取ったのが始まりといわれている。

アールグレイ→p60

アンオーソドックス製法

紅茶の製造法の一種。伝統的なオーソドックス製法に比べて、短時間で大量生産できるのが特徴。CTC製法、ローターバン製法などがある。ブロークンタイプの紅茶は主にアンオーソドックス製法で作られる。

イングリッシュ・ブレックファスト→p61

ウバ→p51

オークション→p59

オーソドックス製法

紅茶の製造法の一種。リーフタイプとブロークンタイプの紅茶がこの製法で作られる。

オータムナル

秋に摘んだ茶葉で作られた紅茶のこと。「秋摘み」「秋物」ともいわれる。

オレンジ・ペコー(OP)→p14、61

か

キーマン→p53

キャディスプーン→p24

キャディーボックス→p45

キャンディー→p52

クオリティシーズン

茶葉は1年のうちに何度も摘まれるが、そのなかで最も良質の茶葉が採れる時期のこと。各産地の気候風土や茶葉の品質によって異なる。

クリーマー→p44

クリームダウン

水色が濁ること。アイスティーを作る時、タンニン含有量が多い茶葉を使ったり、ゆっくり冷やしたりすると起こりやすい現象。

グレード(等級)→p14

ケニア→p54

原料茶(仕上げ茶)

等級区分された後、鑑定を経た茶葉のこと。この後、オークションが開かれ、各社でブレンドをして商品となる。

ゴールデンチップ

お茶の枝の先端にある、まだ

葉の開いていない新芽(チップ)のうち、薄黄色をしたもの。貴重なため、高級な茶に使われる。また、ゴールデンチップだけを集めた紅茶を指すこともある。

ゴールデンドロップ

ティーポットからティーカップへ紅茶を注いだ時の最後の一滴。紅茶のおいしさが凝縮されている。

ゴールデンリング

紅茶を注いだ時、ティーカップ周縁の水色が金色の輪のように見えること。「ゴールデンコロナ」とも呼ばれる。主にセイロンティーを形容する言葉で、ゴールデンリングができることがおいしいセイロンティーの条件といわれている。

さ

CTC製法→p15

ジャワ→p54

ジャンピング→p22

シルバーチップ

お茶の枝の先端にあるまだ葉の開いていない新芽(チップ)のうち、黒っぽく灰色がかって見えるものを指す。高品質の紅茶に含まれており、その量が多いほど上級とされる。また、シルバーチップだけで作られた紅茶を指すこともある。

水色(すいしょく)

紅茶を淹れた時の水の色。紅茶の特徴を決める要素のひとつであり、茶葉の種類、摘まれた時期、茶園などによって異なる。色合いや濃さよりも、透明度や輝きが良い紅茶の条件となる。

スーチョン(S)→p14

ストレートティー→p34

ミルク、レモンなど何も加えない紅茶のこと。

ストレーナー→p32

スパイスティー

バリエーションティーのひとつ。シナモン、ジンジャー、クローブなどのスパイスを加えたもの。ミルクティーにさまざまなスパイスを入れたマサラティーが有名。

セイロン

スリランカのかつての国名。紅茶は「セイロンティー」の名で世界中に広まっている。セイロンティーはスリランカ産茶葉全ての総称となっている。

世界三大銘茶

ダージリン、ウバ、キーマンのこと。

セカンドフラッシュ

その年の二番目に摘んだ茶葉で作られた紅茶のこと「二番摘み」「夏物」ともいわれる。

た

ダージリン→p50

ダスト(D)→p14

タンニン

木や樹皮、種子、葉などに含まれる成分で、植物の種類や含有か所によってさまざまな性質を持つ。茶葉にも含まれており、紅茶の風味や香りの基になる。老化やガン予防、動脈硬化の抑制といった働きもある。タンニンの多い茶葉でアイスティーを作るとクリームダウンが起こりやすい。

チップ

お茶の葉の先端にあるまだ葉の開いていない新芽のこと。

ティーアクセサリー→p44

ティーカップ＆ソーサー→p30

ティーコゼ→p33

ティーテイスター

原料茶の品質を鑑定する人。紅茶の価格を左右する重要な仕事で、紅茶について精通していることが求められる。

ティーバッグ

少量の茶葉を紙やナイロンメッシュの袋に入れたもの。

ティーブレイク

日本のおやつにあたるイギリスの習慣。

ティーブレンダー

原料茶をブレンドして商品に仕上げる人のこと。原料茶の品質は年ごとに変化するが、ブレンドによって品質を一定に保つことが大きな役目である。また、消費地の水質に合ったブレンドをしたり、消費者の好みに合わせた紅茶に作り上げるのもティーブレンダーの役割。

ティーポット→p26

ティーマット→p33

ディンブラ→p52

ドアーズ→p51

等級区分

茶葉を大きさと外観によってグレード分けすること。またはグレードのこと。

な

ニルギリ→p51

ヌワラエリヤ→p52

は

ハイグロウンティー→p51

ハイティー

イギリスの喫茶習慣のひとつで、肉類と一緒に楽しむ夕方から夜にかけてのティータイム。もともとは、子供や仕事を終えた男性たちのためのもの。現在では劇場などへ出掛ける前の、軽い夕食を兼ねたティータイムを指す。

ハーブティー

ペパーミント、カモミール、リンデン、ハイビスカスなどの植物の葉や花、実などで淹れるお茶。ティーといっても茶葉を使っているわけではない。

バリエーションティー

ストレートティーをベースにしてアレンジしたもの。ミルクやレモンといったオーソドックスなものから、スパイスやアルコール、フルーツなどを加えて味に広がりを持たせる。

ファーストフラッシュ

その年最初に摘んだ茶葉で作られた紅茶のこと。緑茶でいえば新茶にあたる。「一番摘み」「春物」ともいわれる。

ファニングス(F)→p14

ブラックティー→p12

フラワリー・オレンジ・ペコー(FOP)→p15

フレーバードティー→p60

ブレンド→p60

ブロークン・オレンジ・ペコー(BOP)→p15

ブロークン・オレンジ・ペコー・ファニングス(BOPF)→p15

ブロークン・ペコー(BP)→p15

ブロークン・ペコー・スーチョン(BPS)→p15

ペコー(P)→p14

ペコー・スーチョン(PS)→p14

ベーシックルール→p22

ベルガモット

香りの良い花をつける柑橘系の常緑樹。アールグレイティーやパン、お菓子の着香などに用いられる。

ホットウォータージャグ

濃くなったり渋くなったり紅茶を調節するためにお湯を入れておくお湯さしのこと。

ま

マスカットフレーバー

ダージリン特有の香りのこと。爽やかですがすがしい香りが、マスカットに似ていることからつけられた。

ミディアムグロウンティー→p51

ら

ラプサンスーチョン→p53

リーフ

茶葉のこと。

リーフティー

リーフを直接ティーポットや鍋に入れて作る紅茶、または茶葉。ティーバッグと区別するための名称。

ルフナ→p53

ロイヤルブレンド→p61

ロイヤルミルクティー

鍋に入れた牛乳で、直接茶葉を煮出すもの。国によってさまざまな呼び名がある。

ローグロウンティー→p51

ブランド問合先

あ

相川製茶舗
☎0954-42-1756

ウィッタード☎03-3442-1801
（キク・コーポレイション）

ウェッジウッド
☎06-6314-3655（日食）

英国伝統紅茶博物館
☎03-3408-4012

か

ガネッシュ ☎022-223-6421

カレルチャペック紅茶店
☎0422-23-1993

キク・コーポレイション
☎03-3442-1801

さ

サーウィンストン
☎03-3200-0611
（日本緑茶センター）

狭山茶 吉野園
☎0429-89-2243

GHフォードティー
☎03-3442-1801
（キク・コーポレイション）

ジャクソン ☎03-3256-6911
（宝商事）

千疋屋 ☎03-3281-0300
（京橋千疋屋）

た

タカノインディアティーセンター
☎03-5368-5151（新宿高野本店）

ダージリンクラブ
☎075-231-1536（印度紅茶販売）

ダロワイヨ ☎03-3564-2931
（ダロワイヨジャポン）

T・イソブチカンパニー
☎0466-24-4649

ティージュ ☎03-3721-8803

ティーズリンアン
☎0561-53-8403
（紅茶専門店TEAS Liyn-an）

ティーブティック
☎03-3200-0611
（日本緑茶センター）

ディンブラ ☎0466-26-4340
（紅茶専門店ディンブラ）

テトレー ☎03-3208-5881
（センチュリートレーディング）

ドゥ・マゴ ☎03-3477-3777
（東急文化村レストラン）

ドゥルーリー
☎03-3457-5048（コマメ食品）

トワイニング
☎03-5405-8600（片岡物産）

な

西製茶所 ☎0853-72-6433

日東紅茶 ☎0120-31-4731
（三井農林・お客様相談室）

INDEX（50音順）

は

葉桐 ☎054-255-5101
ハロッズ ☎03-3534-6517
（二幸・ハロッズ事業部）
ビゲロ ☎03-3200-0611
（日本緑茶センター）
ピーターラビット
☎06-6314-3655（日食）
フォション ☎03-3808-1561
（グルメール）
フォートナム・メイソン
☎03-5405-8600（片岡物産）
ブルックボンド
☎0120-23-8827
（ビー・ビー・エル・ジャパン・お客様相談室）
ホテルオークラ
☎03-3522-3633
（ホテルオークラエンタープライズ）

ま

マリアージュ フレール
☎03-3572-1854
（マリアージュ フレール銀座本店）
ミントン（茶葉）
☎0120-41-0888（共栄製茶）
ミントン（グッズ）
☎03-5722-4711
（ロイヤルドルトンジャパン）
メルローズ ☎03-3944-1511
（キャピタル）

ら

ラ・トゥール・ダルジャン
☎0798-64-7600（伊藤ハム）
リプトン ☎0120-23-8827
（ビー・ビー・エル・ジャパン・お客様相談室）
ル・コルドン・ブルー
☎03-5457-2711
（ル・コルドン・ブルー・パリ開発・グルメ商品部）
ル・パレデテ
☎03-5701-8750
ロイヤルアルバート
☎03-5722-4711
（ロイヤルドルトンジャパン）
ロイヤルコペンハーゲン
☎03-5419-7834
（ロイヤルスカンジナビアモダーン）
ロイヤルドルトン（茶葉）
☎0120-41-0888（共栄製茶）
ロイヤルドルトン（グッズ）
☎03-5722-4711
（ロイヤルドルトンジャパン）
ロウレイズ ☎03-3443-4154
（ロウレイズティーショップ広尾本店）

カバーデザイン●スーパーシステム
デザイン●ムーンドッグファクトリー
撮影●大石裕之／吉成謙太郎
スタイリング●スペース シー
イラスト●田中千絵
編集●(株)八点鐘(五井薫／落合理絵／小貫満)
スーパーバイザー●(株)八点鐘　須賀安紀
協力(50音順)●宇津木 諭
大井 元
神山友恵
島田久子
末広美津代
ティープラン
前山美登利
三井農林
豊産業
ル・コルドン・ブルー・パリ

ポケットノート
おいしく飲みたい紅茶の本

編者／成美堂出版編集部
発行者／深見悦司
印刷所／凸版印刷株式会社
発行所／成美堂出版
〒112-8533　東京都文京区水道1-8-2
TEL 03-3814-4351
FAX 03-3814-4355

ISBN4-415-01924-2